Pour la Démocratie

FRANÇAISE

C. BOUGLÉ

MAÎTRE DE CONFÉRENCES A L'UNIVERSITÉ DE MONTPELLIER

Pour la Démocratie française

CONFÉRENCES POPULAIRES

Avec une préface de M. Gabriel SÉAILLES

Professeur à l'Université de Paris

PARIS

ÉDOUARD CORNÉLY, ÉDITEUR

101, RUE DE VAUGIRARD, 101

A MES COLLABORATEURS ET AMIS

MONTPELLIÉRAINS

Souvenir d'une année d'action.

C. B.

PRÉFACE

—

Ce petit livre est un recueil de conférences
faites en province, à Montpellier, à Toulouse, devant un auditoire populaire. Les
intellectuels, savants, philosophes, qui
avaient cru remplir tout leur devoir en tra-
vaillant dans la solitude, se sont aperçus
que leur abstention n'était pas sans danger,
que leur timidité, en certaines conjonctures,
ressemblait fort à de la lâcheté, et que leur
silence revenait à trahir ces idées mêmes,
auxquelles ils se vantaient d'avoir consacré
leur vie. La république proclamée, nous
nous étions imaginés que les institutions
suffiraient à tout, qu'il n'y avait plus qu'à
jouir de la liberté. Nous laissions les hommes

politiques faire la besogne, et nous assistions
à leurs luttes mesquines d'intérêt, à leur
chasse au portefeuille, de loin, avec dédain,
comme on regarde des chiens se disputer
un os : on se consolait d'un ministère par
sa chute. L'Affaire Dreyfus nous a réveillés :
le réveil a été douloureux, mais il n'est rien
qui ne s'acquière au prix d'une souffrance.
La politique n'est pas une comédie dont les
citoyens puissent rester les spectateurs
désintéressés : c'est à leurs propres dépens
qu'ils en rient, jusqu'au jour où la farce
tourne au tragique et où il faut pleurer les
conséquences de tout le mal qu'on n'a pas
su ou voulu empêcher.

Nous avons vu tout ce que nous croyions
pour jamais acquis, remis en question ;
nous avons vu tous les principes qui sont
comme les articles du contrat tacite, sur
lequel repose notre société démocratique,
impudemment violés, et, quand nous avons
fait appel à la conscience du peuple, nous
avons eu la surprise douloureuse de n'être
point compris d'abord : parce que nous lui
avions manqué, il nous a manqué à son

tour, et il n'a pas reconnu, dans nos paroles, l'expression de sa propre pensée. Devant cette défaillance dont nous avons notre part de responsabilité, les partisans des idées mortes ont dit avec une apparence de raison : « Vous ne savez plus où vous allez, vous n'avez pas de croyances communes, rien qui, accordant vos intelligences puisse faire conspirer vos volontés ; redemandez l'unité des consciences à l'autorité de l'Église ; revenez à la vraie tradition nationale ; soyez catholiques et romains pour être français. » — Mais ces dogmes qui devaient nous rendre la vie sont si bien morts, qu'au lieu de les exprimer franchement, loyalement dans leur contenu positif, on a dû, par un détour hypocrite, se contenter de réveiller les préjugés, les jalousies basses, les haines stupides qui dispensent de la vraie foi, mais suffisent au fanatisme.

Contre ceux qui sont intéressés à nous faire croire que nous ne savons plus ni ce que nous voulons ni ce que nous pensons, il importe que nous rappelions la France à la conscience d'elle-même, au rôle qu'elle a

assumé et que, sur ses affirmations solennelles et réitérées, le monde considère désormais comme sa mission. C'est en lui rendant la conscience de sa mission qu'on
refait un esprit public à un peuple. Là est
le sens et l'intérêt de ce petit livre; c'est
par là qu'il peut être utile, qu'il peut servir
à d'autres, de modèle et d'exemple. —
M. Bouglé est un orateur; sa parole est
abondante, chaude, imagée; il a le don de
la vie; mais il est philosophe; la parole, chez
lui, toujours reste subordonnée à la pensée,
le sentiment à la raison; son éloquence
n'est qu'une logique passionnée; il sait
que l'idée, pour devenir efficace, ne doit
point rester abstraite et morte, qu'elle doit
être revivifiée par tout ce qu'elle concentre
de réalité, d'image, de vérité concrète.
Toute sa méthode est de ramener ses auditeurs à leurs principes, de leur donner la
conscience claire de ce qu'ils pensent con-
u sément, en montrant dans ces idées le
contenu même de la conscience nationale
telle que l'a constituée l'histoire, telle que
l'ont faite et les conditions de notre vie

moderne, et les longs efforts des générations qui ont travaillé, lutté, souffert pour
briser les tyrannies anciennes et définir
l'idéal dont nous ne devons point aban-
donner l'héritage.

M. Bouglé aborde courageusement, directement et non par des allusions plus ou
moins détournées, les questions actuelles
qui passionnent les esprits ; mais il ne les
résout pas par l'injure et la calomnie : il
remonte aux principes qui permettent de
porter sur elles un jugement motivé. Une
impression plus ou moins vague, des intérêts de classes ou de castes que nous ne
nous avouons pas à nous-mêmes, plus
encore celui qui paye notre journal, décident
de nos opinions : l'habitude de la réflexion
personnelle, le besoin de se justifier à soi-
même sa propre pensée est la première
condition d'un esprit public.

Si M. Bouglé se prononce sur l'Affaire
Dreyfus, il part de la *tradition nationale*,
il commente la déclaration des droits de
l'homme, il rappelle tout ce qui dans notre
histoire, avant la Révolution même, l'a

rendue nécessaire à son jour, comment elle se confond désormais avec l'idée de la France qui ne peut la renier sans se renier elle-même, sans perdre son originalité et sa raison d'être ; il ne lui reste qu'à conférer à cette grande tradition nationale les faits qu'on ne prend même plus la peine de nier après tant de mensonges inutiles, pour que la conclusion s'impose : ceux qui défendent la France, ce sont ceux qui défendent le libre examen, la justice et la vérité. — S'il examine l'*antisémitisme*, il ne s'indigne ni ne plaisante ; il ne demande pas compte à M. Drumont de sa tête de juif ; il le prend pour ce qu'il veut être, pour un sociologue, et il va droit au principe qu'invoquent ceux qui tiennent, conformément à une tradition sainte, à tuer par de bonnes raisons et en toute sécurité de conscience, l'idée de race. — Nos nationalistes retardent ; ils recueillent cette idée allemande de la race qui a servi à justifier l'annexion brutale de l'Alsace et de la Lorraine, au moment où elle sort de la science ; et ils ne voient pas, leur sociologie reposant sur une parfaite ignorance de l'histoire, qu'appliquer l'idée de race au peuple de France, ce serait la réduire en poussière. — Qu'il parle de *l'armée et de la démocratie*, de l'alliance nécessaire des *travailleurs intellectuels et manuels*, qu'il évoque la *poésie des temps modernes*, M. Bouglé, fidèle à sa méthode, s'efforce d'éclairer les consciences, de leur révéler l'idéal qu'elles portent en elles, d'entretenir la chaleur du sentiment à la lumière des idées, et par là, de découvrir à ses auditeurs ce que déjà ils possèdent sans le savoir des principes qui leur donnent tout à la fois des règles de jugement, et l'élan de l'action dans la continuité de l'effort.

L'œuvre de M. Bouglé n'est pas une œuvre isolée : de toutes parts se forment des groupes d'intellectuels et de travailleurs, résolus à mettre en commun leur bonne volonté, à commencer cet enseignement supérieur du peuple — et le peuple ici, c'est tout le monde — enseignement mutuel où chacun apporte à la masse ce qu'il a, l'un la réflexion, l'autre la spontanéité, l'un la théorie, l'autre le sens de la pratique et l'expérience de la vie. Nous avons enfin compris qu'une démocratie ne pouvait être la juxtaposition de deux peuples étrangers l'un à l'autre, que notre civilisation matérielle n'est qu'une barbarie si elle exclut la majorité des hommes de la civilisation spirituelle qui est sa vraie raison d'être. Contre ceux qui ne veulent faire appel qu'à l'aveugle impulsion des masses, qui ne voient de principe d'action pour un peuple que dans les instincts, dans les passions religieuses, dans le fanatisme, dans les haines internationales, et qui croient ne pouvoir justifier l'idée de patrie qu'en la déshonorant, nous pensons qu'en l'homme c'est de l'idée que doit naître le sentiment, et des idées généreuses l'enthousiasme qui suscite les grands sacrifices. — A l'expression de l'instinct, l'aboiement suffit; nous parlerons pour exprimer des idées; nous ferons aimer la patrie française en la rendant digne de l'amour d'êtres raisonnables et libres. Par la conscience enfin éveillée des devoirs que nous ne pouvons remplir qu'en nous rapprochant de plus en plus les uns des autres, nous inaugurons la grande et pacifique alliance du Travail. Les gens intéressés prétendent que la conscience moderne est vide, qu'elle ne peut rien édifier parce que ses formules ne sont bonnes qu'à détruire; montrons que ces formules ne détruisent que le passé, et que, si elles le détruisent nécessairement, c'est qu'elles nous proposent un idéal supérieur. Au-dessus de nos intérêts, de nos préjugés, de nos passions, de nos haines, de tout ce qui menace de nous mettre aux prises, élevons les principes que tous nous reconnaissons, puisque tous nous les invoquons dès que nous craignons de n'être point les plus forts; que ces principes soient nos arbitres, qu'ils nous assurent, avec le bienfait de la paix, le progrès social par la science au service de la justice.

GABRIEL SÉAILLES.

POUR LA DÉMOCRATIE
FRANÇAISE

LA TRADITION NATIONALE[1]

Mesdames, Messieurs,

Il y a bien des façons d'aimer sa patrie. Nous l'aimons d'abord tout instinctivement, comme nous aimons notre mère, sans nous expliquer, sans nous demander pourquoi. Entre notre âme et le sol natal, c'est la vie même qui a noué, chaque jour, sans que nous nous en doutions, « des fils mystérieux dont nos cœurs sont liés ». Nous n'avons nul besoin de raisonner pour ressentir, par une expérience intime et incessamment renouvelée, la douceur et la force de ces attaches naturelles.

Est-ce à dire que nous devions tout faire pour conserver à notre patriotisme ce caractère « irraisonné », vanter son « irrationa-

1. Développement d'une conférence prononcée à Montpellier, le 17 février 1899.

1

lité » comme le secret de sa puissance[1], refuser de le rattacher à des idées claires, pour l'inféoder à d'indéfinissables « instincts sousjacents[2]? » — On sait combien la méthode est dangereuse. Se fier systématiquement au mystère, c'est se vouer à l'aveuglement : c'est, d'abord, risquer de laisser des instincts très bas se glisser au milieu d'instincts très nobles pour en exploiter le crédit; c'est risquer ensuite, lorsque l'esprit critique approchera sa lumière, — et il l'approche fatalement un jour ou l'autre, — de se trouver en présence d'âmes désemparées et comme affolées, semblables à des oiseaux de nuit jetés en plein soleil. Par cela même que nous devons choisir entre diverses impulsions données, la réflexion reste l'obligation morale principale. En tout cas, actuellement, elle est une nécessité. « C'est une loi de nature et une loi salutaire, que l'homme débute par l'action instinctive. Mais c'est une loi aussi qu'un jour vient où il réfléchit sur cette action, et ne consent à y persévérer que si son instinct se montre d'accord avec sa raison[3]. » Pour les

---

1. Ainsi procède M. Brunetière. Cf. sa conférence sur l'*Idée de Patrie* (reproduite dans les *Discours de combat*).

2. Ainsi procède M. Barrès. Cf. sa conférence sur la *Terre et les morts*.

3. E. Boutroux, dans une conférence faite à Saint-Cyr sur *le Devoir Militaire* (publiée dans la *Revue de Paris*, du 15 novembre 1898).

fils de notre civilisation, il y a longtemps que
le jour de la réflexion est venu ; si donc nous
voulons que notre patriotisme demeure, il faut
qu'il passe de l'état instinctif à l'état rationnel,
il faut que ce sentiment puissant s'exprime
en idées précises, et nous donne ses raisons.

Heureusement elles ne lui manquent pas.

Le fait de la solidarité et l'idée de la justice, — voilà d'abord deux prémisses dont on
pourra déduire, comme rationnel, l'amour de
la patrie. Par combien d'arguments n'a-t-on
pas démontré de nos jours, en commentant
le vieux mot d'Aristote, que l'individu isolé
n'est qu'une abstraction, que nous ne saurions en aucune façon nous suffire à nous-
mêmes, que nous sommes, en bien des sens,
le produit de la société dans laquelle nous
sommes nés ? La coopération, non pas seulement de nos contemporains, mais de nos
ancêtres, est la condition de notre vie. La division du travail qui pénètre, avec la civilisation, dans les sociétés modernes, y introduit
une solidarité de plus en plus étroite et rend
leurs membres de plus en plus dépendants
les uns des autres. C'est de l'association que
l'individu reçoit non pas seulement le pain
du corps, mais le pain de l'âme. En ce sens,
notre patrie est bien notre mère spirituelle.
Auprès de notre berceau, dans notre pays
natal, elle a posé d'avance les mille instru-

ments de notre élévation. Par ses institutions
et par ses monuments, par son langage et
par ses livres, elle nous a faits ce que nous
sommes. Elle a donc droit à notre reconnaissance. Autant de dettes, autant de devoirs ;
un « quasi-contrat[1] » nous lie, qui nous
astreint à sauvegarder et à accroître, pour
nos descendants, le patrimoine que nous
avons reçu de nos ancêtres. L'homme qui
voudrait se soustraire aux devoirs envers la
patrie serait un fils ingrat, et par conséquent
injuste. Armée du principe de justice, et
appuyée sur l'expérience de la solidarité,
c'est ainsi la raison même qui paraît comman-
der le patriotisme.

Elle le commandera encore en interprétant
à l'aide de principes différents la même expérience. Ceux mêmes qui ne veulent rien
mettre au-dessus de l'individu, et tiennent le
développement des individualités pour la fin
suprême des sociétés, reconnaîtront que, pour
la réalisation de cette fin, l'organisation nationale est encore, aujourd'hui du moins, le
« moyen » le plus sûr. C'est un fait, que
l'homme ne saurait vivre et se développer
sans la collaboration de ses concitoyens ; on
peut même dire qu'il ne saurait être libre en
dehors d'une société qui garantisse ses droits ;

1. C'est l'idée mise en relief par M. Bourgeois dans son
livre sur *la Solidarité*.

une organisation économique, juridique, politique, est l'instrument nécessaire de l'émancipation des individus. Pourquoi dès lors, en répudiant la patrie, se passeraient-ils des services que peuvent rendre à leur cause ces organisations aujourd'hui toutes faites, produits précieux d'une longue histoire, qui sont les patries? — C'est par de semblables raisonnements que répondent les socialistes, lorsqu'on leur reproche de vouloir briser, par leur effort révolutionnaire, les cadres nationaux. « L'unité nationale est la condition de l'unité de production et de propriétés, qui est l'essence même du socialisme[1]. » Briser les nations, ce serait « renverser les foyers de lumière distincte... supprimer les centres d'action rapide... Ce serait supprimer toute liberté, car l'humanité, ne condensant plus son action en nations autonomes, demanderait l'unité à un vaste despotisme asiatique ». La patrie est donc nécessaire au socialisme. « Hors d'elle, il n'est et ne peut rien. » Ainsi, parce que la patrie se présente aujourd'hui comme la meilleure garantie des droits individuels, elle réclame le respect de ceux-là mêmes qui tiennent les droits individuels pour la mesure dernière de toutes les valeurs sociales.

1. Voir l'article de J. Jaurès : *Socialisme et Liberté*, dans la *Revue de Paris*, du 1er décembre 1898.

Mais élevons-nous plus haut : l'individualité ne saurait être sans doute son but à elle-même ; elle ne se réalise qu'en s'efforçant de réaliser quelque fin qui la dépasse, et sa vie n'a de prix que si elle essaie de faire vivre, *pro virili parte*, « une idée » dans l'humanité. Pour conduire la conscience au patriotisme, voilà le plus droit chemin : elle élira l'amour de la patrie comme le meilleur « moyen » non plus de l'intérêt bien entendu, mais du dévouement accepté.

« Les fins que nous pouvons nous proposer sont d'autant plus hautes qu'elles participent davantage de l'éternel[1]. » Or, parmi les choses humaines, celle qui imite le mieux l'éternité, c'est la patrie. Elle nous précède et elle nous survit ; elle plane, comme immobile, au-dessus de nos agitations et de nos efforts contradictoires. Elle est une expression de la nature humaine infiniment supérieure à notre transitoire et pauvre individualité. De ce point de vue, si nous devons conserver et accroître le patrimoine national, c'est qu'il est « la réalisation d'une face de l'humanité, une partie déterminée de l'œuvre d'intelligence et de justice que l'espèce humaine a pour mission d'accomplir ». Nos devoirs envers notre patrie se déduisent ainsi

1. Boutroux, article cité.

de cette loi plus générale qui veut que nous nous élevions au-dessus de nos intérêts personnels pour réaliser, dans la mesure des moyens qui nous sont donnés, une certaine forme de l'idéal humain.

Le travail par lequel l'humanité fait passer à l'acte toutes ses puissances, se divise, en quelque sorte, entre les nations; chaque patrie joue sa partie, chaque peuple a sa mission pour laquelle il est élu. Les différentes circonstances de leur histoire, le sol sur lequel elles se sont établies, le caractère de leurs institutions, les initiatives de leurs grands hommes, autant de causes qui « différencient » les nations et, en leur constituant une tradition propre, les prédisposent à représenter, dans l'humanité, telle ou telle forme déterminée de l'idéal. L'une se vantera d'être la terre classique des beaux-arts; l'autre, du commerce, de la libre entreprise, du *self-government;* celle-ci de la pensée claire; celle-là de la pensée profonde. Et chacune déduira, de la forme déterminée du Bien ou du Beau qu'elle est chargée de représenter, des raisons spéciales d'être aimée et préférée.

Quelles raisons avons-nous donc, Français, de préférer la France? Lorsque nous nous enrôlons sous son drapeau, et mourons pour qu'elle survive; à quelle œuvre travaillons-nous? Quelle est la face de l'humanité, la forme de l'idéal que notre patrie nous appelle à représenter ? Quelle est enfin la mission, quelle est la tradition française ? — Voilà la question à laquelle il nous faut répondre clairement, si nous voulons gagner notre raison à notre patriotisme.

*
* *

Messieurs, une ligue s'est constituée récemment, qui semblait avoir pour raison d'être de répondre à des questions pareilles, car elle s'est intitulée modestement : *Ligue de la Patrie française ;* ce qui voulait dire sans doute : « La patrie n'est pas au coin du quai, chez nos concitoyens qui ne pensent pas comme nous. Si vous voulez savoir ce que c'est que la France, venez et écoutez ; car nous avons le monopole des instincts bien français, et nos ennemis sont aussi les ennemis de l'âme française. »

Mais il faut l'avouer : lorsque les questions ont été posées, les réponses de ces docteurs en patriotisme ont manqué, à notre goût, de précision et d'unité. Les esprits les plus divers ont fait parler tour à tour l'histoire de France, et se sont réclamés, pour justifier leurs partis pris, des traditions les plus différentes.

Pour définir l'âme française, si les uns
invoquaient César et Caton[1], d'autres citaient
en exemples Rochefort, Drumont, Forain et
Mme Gyp[2]. Si les uns nous rappelaient, avec
un courage qu'il faut louer, que la tolérance
est aussi une tradition française[3]; d'autres
nous laissaient entendre que, pour être bon
Français, il faut être pur antisémite[4]. Et tous
ne s'accordaient, en somme, que pour louer,
en très belles phrases, ces « indéfinissables
instincts » qui font la continuité nationale.

Notre ligue, Messieurs, ne connaît pas ces
tergiversations et n'aboutit pas à ces fins de
non-recevoir. Vous demandez où est la France?
Lisez, répondrons-nous, la Déclaration des
droits de l'homme et du citoyen, et pénétrez-
vous de son esprit. Représenter, défendre,
sauver cet esprit, je dis que voilà notre mission propre, voilà la tradition française.

On m'arrêtera aussitôt d'une objection.
« Vous réduisez la tradition française aux
principes de 89? Vous en prenez bien à votre
aise avec notre histoire nationale! Vous rayez
d'un seul coup dix siècles de nos papiers! »

1. F. Brunetière.
2. M. Barrès.
3. J. Lemaître.
4. M. Dubois.

Messieurs, nous pourrions répondre d'abord
que s'il est des nations, comme l'Angleterre,
auxquelles leur idéal se présente sous l'aspect
d'un vieillard vénérable, chargé de la poussière des siècles, il en est en effet dont l'idéal
est plus jeune et comme plus frais émoulu.
C'est plutôt sous la forme d'un adolescent
récemment émancipé qu'elles le voient
apparaître. Quoi d'étonnant, s'il est vrai que,
pour le dégager et le libérer, il leur a fallu
de violents efforts! Quand un peuple a dû
donner un si rude coup d'épaule pour soulever les pierres amoncelées dont on voulait
l'opprimer, n'est-il pas naturel qu'il les laisse
dédaigneusement retomber et rouler de chute
en chute, jusqu'au fond de l'oubli? Le pa-
pillon, une fois qu'il a brisé la coque de la
chrysalide, lorsqu'il vole enfin librement sous
le ciel, se souvient-il qu'il ne fut qu'une larve
rampante? Ainsi nous pourrions, fils de la
Révolution, oublier l'ancien régime.

Mais, Messieurs, cette rupture nous est-elle
vraiment nécessaire? Il nous serait facile de
renouer la chaîne des temps, et de montrer
comment l'esprit de 89, père de la France
nouvelle, est bien le descendant de l'ancienne
France. Le développement des sciences nous
prouve que, dans tous les mondes, les révolutions ne sont le plus souvent que les conséquences et comme les consécrations d'évolu-

tions préalables. Ainsi nos historiens se sont faits forts de prouver que l'ancien régime préparait à sa façon la Déclaration des droits.

N'a-t-on pas dit de nos rois qu'ils ont été « les plus actifs et les plus constants des niveleurs[1] ? » Et, de fait, ne les a-t-on pas vus, tout le long de l'histoire, abaisser ceux qui étaient trop élevés, élever ceux qui étaient trop abaissés? N'ont-ils pas conspiré avec le peuple, lui, sapant les racines, eux, frappant à la cime, pour abattre le chêne féodal? Leur gloire est d'avoir fait l'unité de la France, et non pas seulement l'unité matérielle, mais l'unité morale; en rassemblant en un seul corps tant de membres épars, en substituant leur loi à tant de lois diverses, ils disposaient le pays à concevoir l'idée d'une loi unique, la même pour tous, supérieure à tous les privilèges.

Et l'Eglise? Sans doute on l'a vue trop souvent mettre son organisation puissante au service du plus fort. Il n'en est pas moins vrai que le christianisme fut originellement, et reste essentiellement « une grande école d'égalité ». — « Allez et instruisez tous les peuples, » a dit le Christ; et, à sa voix, que de murailles étroites sont tombées! Les cadres sociaux ont été élargis; l'humanité

1. Tocqueville, dans son Introduction à *la Démocratie en Amérique.*

s'est aperçue qu'elle était une. En même
temps, quelle valeur, quelle autorité l'individualité n'a-t-elle pas reçue des ensei-
gnements du Christ? En mettant au-dessus
des obligations extérieures le souci du perfectionnement individuel, le culte du for intérieur, le christianisme concourait à l'émancipation de la personne humaine. En ce sens,
il est permis de dire que, parce que, la première, elle déclarait les Droits de l'homme,
la France se montrait encore la fille aînée de
l'Eglise; l'esprit chrétien est bien un des loin-
tains ancêtres de l'esprit révolutionnaire.

Ce que nous disons de l'esprit chrétien,
nous le dirions aisément de l'esprit classique.
Les habitudes intellectuelles que la littérature de l'ancien régime tendait à répandre, —
l'habitude de concevoir les hommes en général, dans leurs âmes semblables plutôt que
dans leurs corps divers, l'appel au bon sens,
à la raison, « l'universalité », « l'humanité »,
— toutes ces qualités n'étaient-elles pas
propres à éveiller ce rationalisme qui se
manifeste dans la Déclaration des Droits? Et
peut-être en effet, afin que ce rationalisme
pût fleurir un jour et s'épanouir au grand air,
dans la conscience des peuples, peut-être
fallait-il qu'il eût été d'abord soigné, cultivé,
entretenu dans les salons et dans les cours,
dans les serres chaudes de l'ancien régime.

La France ancienne pouvait donc dire, en se
sentant battue et vaincue par les représentants de la France nouvelle, qu'ils lui avaient
cependant emprunté leurs forces, qu'ils avaient
été nourris de son lait.

Il y a des plantes tropicales qui épanouissent
en un jour la fleur qu'elles ont mis cent ans
à mûrir. Ainsi la France a déclaré, fait écla-
ter en un jour, au-dessus du monde étonné,
les principes de 89; mais on peut dire qu'elle
les avait portés en elle et comme mûris pendant des siècles. Dès l'ancien régime, nous
voyons poindre et l'idée de la souveraineté de
la loi, et le souci de l'humanité, et le culte
de la pensée libre. Ne nous dites donc pas
que la tradition révolutionnaire n'est pas la
vraie tradition française, parce qu'elle ne
remonte pas assez haut dans notre histoire ;
pour qui sait apercevoir les grandes assises
du sol national, l'arbre de la liberté jette ses
racines jusqu'au plus profond de son passé.

Mais, Messieurs, si les principes de 89
constituent bien notre patrimoine propre, c'est
encore, c'est surtout parce que l'univers le
veut ainsi, parce que la voix commune nous
a définitivemét désignés comme les représentants et les gardiens de ces principes.
Considérons non plus leur lente élaboration

dans le temps, mais leur brusque expansion, leur rayonnement dans l'espace; mirons-nous, si je puis dire, dans les yeux des peuples étrangers pour y lire ce qui est la France, et nous y verrons que s'ils l'aiment, c'est qu'ils la regardent comme la mère de la justice, de la liberté, des droits de l'homme.

Ces principes, Messieurs, il ne faut pas, certes, prétendre que nous les ayons inventés de toutes pièces, forgés de pied en cap, à nous seuls, pour les livrer au monde. Des idées aussi puissantes, pas plus qu'elles ne sont l'œuvre d'un jour, ne sont l'œuvre d'un seul peuple. Tous les peuples qui parcourent les étapes de la même civilisation éprouvent des besoins analogues, ressentent à peu près les mêmes aspirations. Avant nous, l'Angleterre avait eu sa Révolution. L'Allemagne a la Réforme; l'Italie, la Renaissance : autant de secousses qui font prévoir le tremblement final, autant d'ébranlements du milieu desquels on voit surgir, pétrie et repétrie par mille mains, cette statue de la personne humaine, qui se dressera sur les ruines des institutions théocratiques. Toutes les transformations matérielles, comme les transformations intellectuelles, le développement des richesses comme le développement des lumières poussent à la même roue, collaborent au même idéal.

Il n'en reste pas moins que cet idéal trouva
chez nous ses formules les plus humaines et
les plus populaires, que c'est en notre langage qu'il s'exprima le plus clairement, et
que dès lors, par le consentement universel,
nous en fûmes les dépositaires et comme les
éditeurs responsables.

Rappelez-vous, en effet, l'impression que
produisent sur les opprimés et sur les oppres-
seurs, sur les peuples et sur les rois les
moindres mouvements de la France révolutionnaire. A la nouvelle de la Révolution,
c'est partout un frémissement et comme un
hennissement des peuples. A Hambourg, on
plante un arbre de la Liberté ; dans toutes les
villes du Rhin, on fête la prise de la Bastille,
à Bucharest, — un Roumain nous le rappelait,
hier encore[1], — on chante *la Marseillaise*, et
les rois étonnés, stupéfaits de la puissance
de ces « anthropophages », laissent tomber
leurs armes de leurs mains défaillantes.
En 1848, même spectacle. Les principes de 89
sont si bien confondus avec la tradition française que, tout le long du siècle, au seul nom
de la France, on voit les rois trembler et
frissonner, comme les saules à l'approche
de l'orage, tandis qu'au seul nom de la France
on voit l'âme des peuples se détendre et s'épa-

---

1. Pompilius Eliade, dans son livre sur l'*Influence française en Roumanie.*

nouir, comme les fleurs à la venue du soleil.

Et sans doute, nos principes reçoivent plus d'un démenti cruel, plus d'un soufflet de l'expérience. Trop souvent on a lancé — et nous avons lancé nous-mêmes — les uns contre les autres ces peuples qui devaient s'embrasser comme des frères. Malgré tout, ceux-là mêmes qui souffraient de ces guerres fratricides conservaient encore au fond du cœur une espérance obstinée, la foi dans notre étoile. Ainsi les phares avancés de nos côtes bretonnes, malgré la bataille des vagues qui s'entrechoquent à leurs pieds, continuent de rayonner et de diriger les barques égarées. Ainsi, jusqu'à ce jour, malgré tant de traverses, nos principes traditionnels restaient debout.

En voulez-vous avoir la preuve et comme l'impression sensible. Voyagez à l'étranger. Observez la façon dont vous serez accueillis et interrogés. J'en ai fait l'expérience personnelle. Combien de fois, en Allemagne, au milieu des procès de lèse-majesté, des poursuites arbitraires contre tel journaliste ou tel professeur, combien de fois m'a-t-on demandé si cela se passait ainsi en France ! Et je répondais avec fierté : « Non, ces procédés-là, nous ne les connaissons pas en France. » C'était notre honneur que de constituer une nation où il n'y avait plus de place pour l'arbitraire.

Si vous ne pouvez à ce sujet interroger les étrangers chez eux, interrogez alors ceux qui viennent chez nous, interrogez ceux que nous devons être heureux et fiers d'accueillir dans notre Université montpelliéraine, ces Roumains, ces Arméniens, ces Russes, tous ces émigrés des pays sombres où, sur un signe de l'autorité, un homme disparaît comme un caillou dans la mer, sans qu'on puisse jamais retrouver sa trace, — demandez-leur quel instinct les pousse vers la France, ils vous répondront : « Le même instinct qui pousse les oiseaux vers la lumière. » S'ils volent vers la France, c'est parce qu'elle leur apparaît comme le pays où le souci de l'humanité, le respect de la loi, le culte de la pensée libre, fleurissent en pleine terre, dans l'âme même de la nation.

*
*

Essayons donc de préciser ces idées qui sont notre gloire ; relisons ensemble quelques-uns des articles de cette *Déclaration* que nous respectons, à juste titre, comme le texte sacré de la Nation : « Les hommes naissent et demeurent libres et égaux en droits. — Le but

de toute association politique est la conservation des droits naturels et imprescriptibles
de l'homme. Ces droits sont : la liberté, la
propriété, la sûreté et la résistance à l'oppression. — La loi est l'expression de la volonté générale. Elle doit être la même pour
tous, soit qu'elle protège, soit qu'elle punisse.
Nul homme ne peut être accusé, arrêté, ni
détenu que dans les cas déterminés par la loi
et selon les formes qu'elle a prescrites. La loi
ne doit établir que des peines strictement et
évidemment nécessaires. Nul ne peut être puni
qu'en vertu d'une loi établie et promulguée
antérieurement au délit, et légalement appliquée. — La garantie des droits de l'homme
et du citoyen nécessite une force publique;
cette force est donc instituée pour l'avantage
de tous et non pour l'utilité particulière de
ceux auxquels elle est confiée. La société a le
droit de demander compte à tout agent public
de son administration. — Toute société dans
laquelle la garantie des droits n'est pas
assurée, ni la séparation des pouvoirs déterminée, n'a point de constitution. »

Quel esprit se dégage de ces formules ?

L'humanité, d'abord, le souci, le culte de
la personne humaine, considérée comme une
fin en soi. L'individu humain est posé comme
la valeur absolue, en fonction de laquelle
toutes les valeurs sociales s'expriment, et par

rapport à laquelle elles s'ordonnent. L'homme
doit être une chose sacrée pour l'homme, et
tous ceux qui ont figure humaine participent
également à cette dignité. Tous sont libres,
tous sont égaux. Nul individu ne doit être
traité comme un moyen au service d'un Etat.
Les Etats sont des moyens au service des
individus. Que cette théorie s'inscrive au
fronton d'un Etat, c'est là une chose nouvelle
sous le soleil, vous le savez. Si vous vous
reportez aux théories antiques, aux théories
de l'ancien régime, vous n'y apercevez pas —
on l'a cent fois remarqué — ce souci de l'humanité, ce respect de l'individu. La raison
d'Etat primait tout. Il a fallu la Révolution
pour retourner décidément la pyramide, et
renverser les pôles du monde social.

Elle libère également tous les individus.
Mais encore faut-il, pour que ces individus
également libres forment une société, s'or-
ganisent et nouent des relations valables ;
encore faut-il, au-dessus de toutes ces libertés,
un principe d'ordre, une souveraineté. Notre
Déclaration le reconnaît, le proclame. Seulement, la souveraineté qu'elle institue au-
dessus des hommes n'est plus la souveraineté
d'un homme, d'une personne, d'une volonté
peut-être capricieuse et changeante, c'est la
souveraineté d'une idée, la loi, la même pour
tous. La souveraineté de la loi s'opposera à

la souveraineté des rois, comme l'égalité à
l'inégalité, comme la permanence au changement, comme la règle à l'arbitraire. Et ce
pouvoir impersonnel devra être d'autant
plus respecté que tous les pouvoirs personnels
auront disparu devant lui. Le strict respect
de la loi, le souci religieux de la légalité,
voilà ce que la Révolution demande aux individus qu'elle émancipe.

Mais, pour qu'ils constituent une société
durable, il ne suffit pas qu'une loi soit promulguée, il faut encore qu'elle soit appliquée : d'où la nécessité d'une force publique,
d'une administration, d'une hiérarchie de
fonctionnaires. Cela aussi, notre Déclaration
le reconnaît. Seulement elle spécifie que les
fonctionnaires sont les serviteurs du peuple
et doivent rester, comme tels, soumis à sa
surveillance, à sa critique, à son libre contrôle. La démocratie ne veut plus d'une
administration de nuit qui cache soigneuse-
ment ses faits et gestes dans les recoins des
cours et des temples, des antichambres et des
sacristies. Que la machine administrative
fonctionne au grand jour, en plein soleil, afin
que chacun soit admis à en examiner le jeu,
à empêcher toute dilapidation, tout détour-
nement de la force publique ! En un mot,
que la publicité des actes de l'administration
nationale s'ajoute à la légalité pour que le

cercle s'achève et que le peuple soit sûr de
la garantie de ses droits.

En ces trois mots : humanité, légalité,
publicité, la théorie démocratique est com-
plète, la fin et les moyens sont énoncés :
c'est pour le peuple que la loi doit être faite;
il est donc juste que par le peuple la constitution de la loi soit dictée, que l'application
de la loi soit surveillée par le peuple.

*
* *

Si vous admettez, Mesdames et Messieurs,
que tel est bien l'esprit de la tradition française, vous comprenez d'ores et déjà, sans
nul doute, pour qui et pour quoi, dans cette
« affaire » qui a divisé la France, nous
devions prendre parti.

Lorsque nous nous agitions pour obtenir la
revision du procès de Dreyfus, combien de
fois nous a-t-on dit : « Vous êtes bien bons :
être à ce point remués et bouleversés, vouloir à votre suite remuer et bouleverser la
France pour un seul homme! Et quel homme!
Un pauvre être abruti sans doute et déprimé
par quatre années de chaleur lourde, de
silence étouffant, de solitude et de désespoir !
« Une misérable loque humaine », disait-on

à notre Président : c'est pour cette loque que
vous oubliez le drapeau ! »

A quoi nous répondions : « Si nous sommes
à ce point remués et bouleversés, si nous
voulons vous remuer et vous bouleverser à
votre tour, c'est que pour nous, dans l'affaire
Dreyfus, il ne s'agit pas seulement de la vie
d'un homme, mais encore et surtout des
droits de l'homme ; il ne s'agit pas seulement
du renom d'une famille, mais encore et surtout du renom même de la patrie. Vous nous
reprochez de l'oublier ! C'est précisément
parce que nous avons constamment présentes
à l'esprit et au cœur ses traditions, sa fonction,
sa mission que nous faisons et que nous
ferons, — soyez-en sûrs, — des efforts déses-
pérés pour obtenir enfin la revision du procès de ce misérable Juif ; nous allons jusqu'à
dire que nos adversaires nous semblent, dans
leur lutte pour empêcher cette revision, vouloir, avec Dreyfus lui-même, entre les palis-
sades de l'île du Diable, enfermer, emprison-
ner, garrotter à son tour la tradition française ! »

Et en effet, si les trois mots que je citais
tout à l'heure, « humanité, légalité, publicité », résument bien les aspirations formu-
lées à la fin du siècle dernier, au milieu du
tonnerre et des éclairs de notre Révolution,
par notre conscience nationale, qui oserait dire

que notre conscience nationale n'a pas été, aux jours où nous vivons, souffletée par trois fois? A mesure que je vous rappelais ses principes directeurs, combien de « faits », sans doute, surgissaient dans votre mémoire qui sont pour ces principes autant de démentis brutaux! Dans cette « affaire », est-il exagéré de dire que nous avons saisi, chez certains gouvernants, des suspicions singulières à l'égard des gouvernés, chez certains fonctionnaires, un mépris singulier du peuple dont ils sont les serviteurs, une antipathie pour le libre examen, une haine de la publicité, qui sont précisément contraires à l'esprit de notre Déclaration des droits?

Mais, dira-t-on tout de suite, l'« affaire » était exceptionnelle. Les documents intéressaient la défense nationale, la sûreté de l'Etat. Vouliez-vous donc les voir étalés, déballés sur la place publique! Nous le reconnaissons naturellement, Messieurs; certains détails précis ne peuvent être raisonnablement communiqués à tout le monde : le nom d'un espion qu'on veut encore utiliser, la composition d'une poudre, la structure d'un canon. En raisonnant *a priori*, vous pourriez allonger aisément la liste des choses qui doivent rester cachées. Mais c'est sur des faits que nous raisonnons, c'est après expé-

rience que nous vous disons qu'on a étrange-
ment abusé de ce droit au huis-clos et à
l'armoire secrète. Par exemple, il s'agit, au
premier procès d'Esterhazy, de savoir si son
écriture ressemble ou non, « d'une façon
effrayante », à celle du bordereau. Huis-clos.
Pourquoi? Pourquoi les opinions de ces
experts ne peuvent-elles être publiées et con-
trôlées? Nous voyons bien en quoi cela inté-
resse la sûreté d'Esterhazy ; mais la sûreté de
la France? ne confondons pas, s'il vous plaît ! -
De même, souvenez-vous de cette séance
mémorable dans laquelle M. Cavaignac, après
avoir fièrement rappelé que nous sommes les
maîtres chez nous et que nous pouvons laver
notre linge sale à la face de l'univers, daigne
enfin nous communiquer une pièce du dossier
secret. Il n'en lit que des fragments, avec pré-
caution ! « Pour le reste, je ne puis pas lire.
« L'encadrement », impossible de vous le livrer ». Vous le savez, Messieurs, quand cette
pièce fut approchée un peu plus près de la
lumière, quand on examina d'un peu plus près
le papier et le crayon, le contenu et le style,
il apparut qu'on avait affiché à vos frais,
contribuables, sur les murs de toutes les
communes de France, un misérable faux !

Spectacle ridicule ! spectacle lamentable,
que ce factionnaire émérite, montant une
garde sévère autour d'un baril vide ! Trop

souvent on nous a donné ce spectacle! Trop
souvent nous avons ressemblé à ces badauds
qui font cercle autour d'une prétendue
bombe : « N'approchez pas! Prenez garde!
c'est l'explosion! c'est la guerre! » Un citoyen plus courageux que les autres saisit
la boîte, enlève le couvercle, et on s'aperçoit
que la poudre était fausse, que ce n'était que
cendre et poussière! La bombe était inoffen-
sive. Je me trompe, elle était dangereuse
peut-être, mais pour les seuls mystificateurs
qui l'avaient déposée. Se solidariser avec
ces mystificateurs, et, parce qu'ils portaient
l'uniforme, s'écrier maladroitement que
l'honneur de l'armée est en jeu, faire front
contre les « civils » trop curieux qui de-
mandent des comptes, je dis que c'est faire fi
de ce libre examen, de ce contrôle incessant
dont notre Déclaration nous reconnaît le
droit. Et quand M Brunetière ou M. Lemaître
viennent nous demander en vertu de quel
titre, au nom de quelle qualité nous nous
mêlons ainsi de ce qui ne nous regarde pas,
nous répondons : « Au nom de la qualité, en
vertu du titre de citoyen français, membre du
Souverain. » En vérité, il est indigne de ce
titre glorieux.celui qui ne sait pas, quand la
situation l'exige, se mêler précisément de ce
qu'on veut lui cacher, de « ce qui ne le regarde pas »!

Mais du moins, Messieurs, ceux d'entre vous qui croiront que nombre de documents ne doivent pas être communiqués au public oseront-ils professer que les documents en vertu desquels on accuse un homme peuvent n'être pas communiqués à l'accusé? Faut-il vous rappeler que ce serait la négation de toute espèce de droit? Ne me dites pas qu'il s'agit ici d'une question accessoire de procédure, d'une violation de « foormes », comme dirait Brid'oison. Ce qui est en question, ce sont les garanties élémentaires reconnues à tout prévenu. Sans ces garanties, tout homme accusé, tout homme soupçonné, est dès à présent un homme condamné. Sans ces garanties, vous reconnaissez à la justice, aussitôt qu'elle aura saisi un homme, le droit de le poignarder dans le dos! Sont-ce ces mœurs orientales, ces mœurs « byzantines », dirait M. Mercier, que nous voulons voir s'acclimater en France?

Une illégalité en entraîne une autre. La légalité est un cercle étroit; sitôt qu'on en sort, n'eût-on mis dehors que le petit doigt, on ne sait plus dans quels tourbillons on est entraîné, on ne sait plus quels édifices, déjà séculaires, on va ruiner d'un seul choc. C'est ce que nous ne pouvons nous empêcher de penser avec tristesse, lorsque nous remarquons que ce même Gouvernement, qui pré-

sida, en 1894, à la condamnation illégale de
Dreyfus, s'efforce aujourd'hui de donner, avec
la complicité des Chambres, une entorse à la
légalité : en proposant de dessaisir, au cours
d'une action commencée, une juridiction régu-
lièrement saisie, c'est le Gouvernement lui-
même qui ébranle le respect de la légalité,
sauvegarde de la France républicaine.

Le plus triste, c'est qu'on ose franchement,
cyniquement, invoquer, pour justifier de
telles mesures, les principes les plus contraires à ceux qui furent notre honneur. Les
droits naturels et imprescriptibles de l'humanité, le respect de l'individu, vieille chanson,
vieille rengaine ! Parlez-nous raison d'Etat,
voilà le seul langage que nous voulions
entendre. Et vous ne voyez pas qu'en auto-
risant ce langage, vous laissez tels ou tels
gouvernants, tels ou tels fonctionnaires seuls
juges de ce qui est l'intérêt de l'Etat, et qu'il
n'y a que trop de chances pour que, par
un penchant naturel aux hommes qui dé-
tiennent le pouvoir, ils identifient l'intérêt
de l'Etat avec leurs intérêts particuliers !
Du temps des rois, l'intérêt de l'Etat fut confondu avec l'intérêt des dynasties ; il sera
confondu, du temps des députés, avec l'intérêt électoral. Il s'est trouvé un Ministre
de la Justice pour avoir le triste courage de
cette opinion : « Songez à vos circonscrip-

tions respectives. » Voilà le mot de la situation. Il est dit désormais qu'on nous mesure la justice, en France, à l'aune des intérêts électoraux. Voilà ce qu'on a fait du pays des Droits de l'homme.

*
* *

Les conséquences, Messieurs, vous les apercevez de vous-mêmes. Je vous ai montré qu'en respectant les principes de 89, la France était respectée ; il me serait trop facile — mais trop douloureux aussi — de vous prouver qu'en les méprisant, elle sera méprisée. Quand je pense que M. Méline a osé nous crier : « Songez au bon renom de la France ! » Hélas ! nous lui renvoyons l'apostrophe : « Vous qui n'avez pas voulu instituer, au moment où on vous mettait tous les moyens en main, la revision de ce procès, songez au bon renom de la France ! Interrogez l'opinion de ces étrangers devant laquelle vous nous renvoyez ; tous, ceux qui nous aiment et ceux qui nous envient, les uns avec une stupéfaction douloureuse, les autres avec une joie non dissimulée, tous vous feront entendre la même réponse : « Si la France refuse de reviser une affaire dans laquelle les principes qui font sa gloire ont été trois fois violés, la France refuse de faire honneur à sa signature. Elle est déchue de sa mission. *Finis Galliæ!* C'est la banqueroute de la France! »

On nous crie : « Ces peuples si exigeants à notre égard, croyez-vous qu'ils l'auraient revisé, ce procès? Croyez-vous que leurs Gouvernements auraient toléré le quart de l'agitation que l'on mène pour la revision? » — Non, Messieurs, je ne le crois pas. Je crois fermement que la plupart des Gouvernements étrangers auraient fait les efforts les plus violents pour étrangler l'affaire. Mais je dis que ce qu'ils savaient impossible chez eux, les peuples le croyaient possible chez nous; je dis que tous ceux qui souffrent des injustices gouvernementales avaient mis leurs enjeux sur notre carte; que ce qui les consolait et les réconfortait, dans leur souffrance, c'est le sentiment qu'il y avait au moins un coin de la terre où, dès à présent, l'idée des Droits de l'homme était assez enracinée pour que rien ne pût l'abattre.

Hélas! Messieurs, songez à l'honneur dont cette confiance couronnait notre République; contemplez les efforts parricides avec lesquels de soi-disant « patriotes » essayent de déraciner la gloire de leur patrie, et dites si je n'avais pas raison de vous faire entendre tout

à l'heure que le même bateau qui ramènerait
ce misérable Juif porterait aussi, peut-être, la
tradition française et sa fortune...

*
* *

P litique de philosophe, dira-t-on peut-être:
des idées vagues, des faits très généraux, —
ce n'est pas avec cela qu'on secoue un parti
politique. La politique pratique actuelle, cela
seulement frappe la plupart des républicains.
Notre régime est-il en péril? L' « affaire »
supprimera-t-elle nos libertés? Non. Vaquons
alors à nos affaires personnelles. Dormons
tranquilles.

Messieurs, les républicains qui raisonnent
ainsi ressemblent, en effet, à ces dormeurs
obstinés qui se réveillent trop tard. On vient
les secouer: « Debout! Alerte! On se bat
dans la rue! » Ils vous répondent: « Ce n'est
rien, c'est un Juif qu'on assassine », et se
retournent en maugréant. Insensés, qui ne
voient pas que les assassins de ce Juif ne se
contenteront pas d'une seule victime, que
leurs ambitions sont plus hautes, qu'à travers le corps de Dreyfus, c'est la République
qu'ils visent, et que, bons républicains, quand
vous daignerez enfin vous réveiller, il sera

trop tard, la France que vous aimez aura
déjà, peut-être, le couteau sur la gorge !

Messieurs, je ne voudrais pas être taxé
d'exagération mélodramatique : je vous ren-
voie aux textes. Consultez les déclarations,
les conférences, les affiches ; analysez l'écume
que nous apporte la vague de chaque jour,
et vous serez étonné de l'état d'esprit des
partisans de l'ancien régime. Je disais tout à
l'heure que l'ancien régime avait sans doute
collaboré à la constitution des principes de 89 ;
mais croyez-vous que ses représentants
d'aujourd'hui acceptent cette collaboration ?
Croyez-vous qu'ils se soient inclinés devant
la Révolution comme devant le fait accompli,
ou plutôt comme devant le droit établi ? Leur
idée fixe est toujours de purifier, d'expurger,
ad usum Delphini, notre histoire nationale.

Voulez-vous saisir sur le vif l'état d'âme
de notre « noblesse » ? Parcourez alors ces
listes de *la Libre Parole*, qu'on a si justement
nommées l'Armorial de la bassesse française.
Lisez et relisez, si vous en avez le triste courage, à côté de la glorification d'un faussaire,
toutes les abominations que l'on souhaite à
ceux qui cherchent la vérité. Prêtez l'oreille
à ces litanies de la haine ; et vous croirez pénétrer dans les enfers de Michel-Ange ou de
Rubens, où l'on ne voit que des figures grin-
çantes, jetant feu et flamme par la bouche

et les narines. Messieurs, ces accès de fureur, ces frénésies de blancs qui voient rouge, notre pays en a déjà connu. En 1816 aussi, il y avait des duchesses et des comtesses qui demandaient (ce sont les expressions du rapport de Decazes) « que cinq cent mille hommes meurent pour le drapeau blanc ». C'est la même rumeur qui monte aujourd'hui : « Du sang ! Du sang ! Une saignée pour l'amour de Dieu ! »

« Une saignée pour l'amour de Dieu ! » La formule vaut la peine qu'on y réfléchisse. On pouvait croire, en effet, que l'amour du Dieu d'amour et de charité retiendrait sur la pente ces âmes dévoyées. Et je ne doute pas, pour ma part, que, dans le secret de leur cœur, beaucoup de bons catholiques ne se lamentent et ne prient Dieu avec ferveur de ramener ces égarés à des sentiments plus chrétiens. Mais, il faut bien le dire, si nous écoutons, dans leurs manifestations publiques, les porte-paroles du catholicisme, ce ne sont pas précisément des mots de paix et d'amour qui tombent de leurs lèvres. Rappelez-vous ces formules du P. Didon, qu'il est bon de savoir par cœur : « Il faut s'armer de la force coercitive, brandir le glaive, terroriser, sévir, frapper » ; d'un bout à l'autre de cette homélie, prononcée devant un généralissime, représentant du Gouvernement français, c'est

une sombre et sauvage apologie de la force,
où nous pouvons bien reconnaître toutes les
traditions étrangères que vous voudrez, — tradition espagnole, tradition allemande, tradition de l'Inquisition, tradition de Bismarck —
mais la tradition française ? jamais de la vie !

Messieurs, si je vous rappelle ces horreurs,
ce n'est pas pour le plaisir de vous faire peur,
ce n'est pas pour vous inviter à frissonner, à
trembler, et à rester prudemment au coin du
feu ! Si vraiment ces gens-là en veulent à
notre peau, nous saurons la défendre ; le jour
où leurs bandes descendront dans la rue,
elles trouveront à qui parler.

Si je vous ai rappelé ces frénésies, c'est
qu'elles sont singulièrement révélatrices. De
même qu'un homme, dans un accès de colère,
dévoile parfois ses passions intimes, de même
que, dans ses convulsions, il laisse voir ses
plaies secrètes, ainsi, dans leur fureur contre
nous, nos adversaires découvrent à plein la
haine qu'ils portent à la France républicaine
et à ses traditions glorieuses.

Et, en effet, dans cette tempête qu'ils sou-
lèvent, que surnage-t-il du respect de l'humanité ? Allez donc parler à ces forcenés des
droits sacrés de la personne humaine, leur
rappeler que tous les hommes, quelle que
soit leur race ou leur religion, méritent les
mêmes égards ! Messieurs, l'un de nous a

recueilli, à propos de l' « affaire », de la bouche d'un des plus brillants représentants du jeune catholicisme, une parole que je livre à vos méditations : « Après le tour des juifs, ce sera le tour des protestants, après le tour des protestants, celui des francs-maçons et des libres-penseurs[1]. » Républicains de toutes nuances, tenez-vous-le pour dit, et comprenez enfin qu'il s'agit de savoir si, à l'idée de l'égalité des hommes, honneur de la France, vous laisserez substituer les distinctions ressuscitées de castes, de races, de confessions religieuses.

Si, pour nos adversaires, les droits de l'homme pèsent si peu de chose, vous devinez

1. Voir à ce sujet, l'instructive campagne de M. Talmeyr contre les protestants, dans *la Revue Hebdomadaire* (1898-99). Voici l'esprit d'un article intitulé : *le Tartufe protestant* (août 1898, p. 294) : « Plus nous donnons au protestant, plus il en prend ; plus il en prend, plus il en veut, et non seulement plus il en veut, mais plus il paraît nous en vouloir ! Voilà cent ans qu'il a toutes les libertés, en voilà bientôt trente qu'il fait même restreindre celles des autres, et on a beau ne plus le persécuter, il a beau même être persécuteur, il a toujours l'aigreur, la rage sourde, le fanatisme renfermé du persécuté. Tartuffe il fut, Tartuffe il est resté. La maison, à son gré, n'est pas encore suffisamment à lui, nous n'en sommes pas encore assez sortis, et il nous signifie qu'il la jettera par terre, s'il ne nous jette pas dehors. Il a pris la France, l'a accaparée, et n'en est même pas devenu français !

Il faut, évidemment, qu'il y ait des races ou des reliquats de races inassimilables. »

Cf. d'intéressantes insinuations du même genre dans le livre de M. Goyau, sur *l'Ecole d'aujourd'hui.*

ce qu'ils penseront des moyens destinés à
garantir ces droits. La publicité, le libre
examen, le contrôle du fonctionnaire par le
citoyen : billevesées que tout cela ! Et c'est ce
qui les met hors d'eux, que notre intervention
obstinée ! Lisez entre les lignes de leur apologie du « faux patriotique », et vous y trouverez cette idée que, puisque des pékins vou-
laient se mêler de savoir si la condamnation
d'un militaire était juste ou injuste, Henry a
bien fait de défendre, par tous les moyens,
« l'honneur du bureau ». Guerre aux « prétentions du civilisme ! » Le pékin, c'est l'ennemi. L'essentiel est de s'en délivrer.
Qu'après cela le document libérateur soit vrai
ou faux, c'est ce qui importe peu : Henry
n'était-il pas en état de légitime défense ?

Avec de pareilles théories, vous pensez si
l'on se souciera de la légalité. Encore une
notion « bonne pour le peuple ». Mais pour
nous, ses maîtres légitimes, nous ferons
toutes les lois qui nous conviendront à la
douzaine ! Ou plutôt, un bon petit coup
d'Etat nous débarrassera de ces conventions
vieillies. Interwievez ces académiciens émi-
nents, qui sont l'honneur de la « Patrie française » et, les uns avec cynisme, les autres
avec hypocrisie, vous dévoileront le sort
qu'ils veulent faire à la France. « Le Sylla-
bus sera notre drapeau », disait M. de Mun.

Et M. de Vogüé ajoute que le coup d'Etat du
2 décembre ne fut « qu'une opération de
police un peu rude ». Et ce vieux néophyte
de François Coppée n'osera-t-il pas nous
présenter le 18 Brumaire comme la seule
date pure de la Révolution[1]? En somme,
nous dit-il d'un air patelin, « l'attentat ne fit
de mal à personne, et aucun des membres
du Conseil des Cinq-Cents qui, à l'aspect
des bonnets à poil des grenadiers, sautèrent
si lestement par les fenêtres, ne se donna
même une entorse. Heureux attentat, que
toute la nation salua d'un long cri de déli-
vrance, car il mettait fin à une affreuse
anarchie, moins affreuse pourtant que celle
ou nous nous épuisons ! Attentat? Non pas,
mais événement inévitable, nécessaire, je
dirai même providentiel », etc. Et voilà
l'homme qui protestait, hier encore, qu'il
n'était pas « l'ennemi de la République » !
Avec beaucoup d'amis de cette trempe, je
dis qu'elle n'ira pas loin, et qu'elle a le droit
de se défier lorsqu'une « Ligue » pareille fait
effort pour embaucher discrètement les officiers de son armée. Rappelez-vous les affiches
vertes qui furent récemment apposées sur
vos murs par les soins du comité royaliste
local; consultez-en la teneur, la composition;

---

1. *Revue hebdomadaire*, 7 janvier 1899, pp. 115 sqq.

vous aurez la clef de la politique de nos adversaires. Cela commence par des éloges aux officiers, cela finit par une invocation à Philippe. Ainsi, comme un cheval généreux, on flatte l'armée, on lui passe la main dans la crinière, pour l'enfourcher tout d'un coup, lui mettre le frein d'acier, la rêne d'or et fondre sur nous. En vérité, ils embrassent l'armée, mais c'est pour étouffer le peuple ! Tout leur effort est de mener la force publique à l'assaut de nos principes traditionnels.

Et ce seraient, Messieurs, ces ligueurs panachés, unis par la seule haine de l'esprit de la Révolution, qui représenteraient la patrie française ! Républicains, faut-il que nous soyons inertes et lâches pour avoir laissé usurper et profaner par ces gens et leur suite le beau titre de « patriotes », si cher aux fils de la Révolution !

Ils ne sauraient représenter la tradition française, ceux qui ne veulent plus entendre parler de l'humanité, de la justice, de la pensée libre, ceux qui n'invoquent plus d'autres arguments que le sabre, la cravache et la matraque. C'est à l'abattoir que ce cortège d'assommeurs voudrait nous amener, comme un peuple de bœufs ! Reprenons alors à notre compte une de leurs formules, et unissons-nous pour crier : « Français, nous ne le permettrons pas ! »

Les républicains ne le permettront pas, car ils se ressaisiront, serreront les rangs, comprenant enfin le véritable enjeu de l'affaire. Républicains modérés ou avancés, que vous considériez les principes de 89 comme le bouquet que l'on met au toit de l'édifice achevé, ou comme la première pierre de l'édifice à construire, vous vous unirez pour défendre ces principes, comme on s'est uni pour les combattre. Tant de secousses terribles tasseront enfin et classeront les partis suivant leurs tendances naturelles. Au premier ébranlement, il y avait eu un peu de désarroi et d'équivoque. Beaucoup de républicains n'avaient pas aperçu ce qui était en question. Mais, aujourd'hui, après tant de révélations successives, après tant de ballons d'essai, tant de sons de cloches et d'appels de trompettes, tous les républicains voudront se grouper pour sauver les positions péniblement conquises. Et alors les partis se retrouveront enfin face à face, à leurs places normales : contre la justice, les réactionnaires de toutes couleurs ; pour la justice, les républicains de toutes nuances.

*
* *

Je dis qu'en défendant ainsi, avec la cause

de cette « pauvre loque humaine », la cause même du droit, de la loi, du libre examen, les républicains auront bien mérité de l'humanité en même temps que de la patrie ; puisque chez nous, par une heureuse harmonie, la tradition nationale est en même temps l'idéal démocratique ; puisque chez nous, par un privilège que nous entendons conserver, le culte de la patrie s'appuie sur le respect de l'humanité.

PHILOSOPHIE DE L'ANTISÉMITISME

L'IDÉE DE RACE[1]

Tous nos partis politiques ont leur philosophie. Cela peut sembler paradoxal aux habitués du Palais-Bourbon. Ils y voient bien le marché des intérêts ou le cirque des passions ; mais rarement, leur paraît-il, les idées générales descendent dans l'hémicycle. Regardez-y de plus près cependant ; aux grands jours, lorsqu'il s'agira de justifier ou de combattre une mesure décisive, les leaders invoqueront quelque formule philosophique, majeure de tous leurs syllogismes, plateforme de toute leur argumentation. Vous comprendrez alors, dans un éclair, que ce qui unit ou divise profondément les hommes, même politiques, c'est leur conception de la vie, c'est la notion qu'ils se font du progrès

1. Publié dans *la Grande Revue*, du 1er janvier 1899.

lui-même, de la visée des nations, du sens de l'histoire.

On dira : pour les politiciens, les théories ne sont que des prétextes. Ceux-là mêmes qui sonnent le ralliement autour des doctrines, et en promulguent les aphorismes, ne les prennent pas au sérieux. Ils ont de la philosophie à la bouche, non à l'esprit. — Peut-être ; mais qu'importe, s'il reste vrai que, pour rallier durablement les hommes, il faut leur fournir un drapeau, si les intérêts, pour entraîner les masses, doivent prendre au moins le masque des idées ! Pour qu'un parti soit autre chose qu'une coalition passagère, pour qu'il laisse une trace dans l'histoire, il faut que ses postulats s'accordent avec les idées directrices de la nation qu'il veut convaincre, et qu'il ne contredise pas la logique immanente des peuples. En ce sens, les théories, ne fussent-elles pour certains individus que des « prétextes », ont leur importance sociale : la philosophie des partis donne peut-être la raison profonde de leur succès ou de leur échec définitif. Estimer la valeur de leur idée-mère, c'est prendre la mesure de leur vitalité propre.

*
* *

Les deux dernières années, entre tant de
nouveautés, nous ont apporté celle-ci : l'avènement de l'antisémitisme comme parti politique français. Il pouvait sembler, aupara-
vant, que l'antisémitisme n'était bon, en
France, qu'à alimenter des polémiques de
journaux ou des diatribes de brasseries. Il a
désormais ses représentants à la Chambre,
son groupe, son programme politique, ses
lois à proposer. Je sais bien que j'exagère.
La politique propre à l'antisémitisme est
encore dans les limbes, et son « groupe » naît
à peine. Il n'importe : petit parti deviendra grand, pourvu que nous lui prêtions vie ;
et puisque ses adhérents font du bruit comme
quatre, il n'est peut-être pas inutile de se
demander, dès maintenant, quelle idée générale leur sert de grosse caisse, quelle philosophie ils prétendent promener, musique en
tête, de Nancy à Rennes et d'Alger à Paris.

Si l'on analyse la composition du public de
la Libre Parole, on croit déjà tenir la solution. Des révolutionnaires et des réactionnaires, des prêtres et des assommeurs, des
concierges et des duchesses, Barrès et Berry,

Guérin et Gayraud, Gyp et Pipelet, voilà les hymens singuliers auxquels Drumont préside. « Sus aux Juifs, parce qu'ils règnent à la Bourse ! » — « Sus aux Juifs, parce qu'ils ne vont pas à la messe ! » Telle est la double devise qui retient cette clientèle mêlée. Aussi semble-t-il que la philosophie de l'antisémitisme nous soit familière, et depuis bien longtemps. Combinez deux airs connus, deux « vieilles chansons », l'imprécation des prolétaires et l'imprécation des catholiques, et vous obtenez le chant de guerre de notre parti nouveau. Un socialisme ingénu, un cléricalisme malin, voilà bien, semble-t-il, les deux soutiens du trône de Drumont.

Mais il faut croire que là-dessus Drumont se sent mal à l'aise. Juge-t-il que ses piliers vacillent l'un et l'autre, ou qu'il lui sera malaisé de les tenir accouplés longtemps ? Toujours est-il qu'il refuse avec énergie d'inféoder sa philosophie à celle des anciens partis. Il ne veut se laisser enfermer ni dans *le Capital*, ni dans *la Politique tirée de l'Écriture sainte*. Quand on insinue que l'antisémitisme ressuscite les guerres de religion, Drumont député proteste et se débat comme un diable dans un bénitier. Il se débattrait encore si l'on voulait prouver que l'antisémitisme est une forme naïve du collectivisme. A sa clientèle des rues, qui n'aime pas les frocs, *la Libre Parole* affirmera qu'on n'en veut pas aux infidèles ; à sa clientèle des salons, qui ne déteste pas les sacs, elle répétera qu'on n'en veut pas au capital. — Et de fait, le jour où il lui faudrait passer des pamphlets aux actes politiques et formuler, pour justifier quelque proposition de loi, cette philosophie bâtarde destinée à n'effrayer personne, il est probable que l'antisémitisme s'aliénerait tout son monde. En s'apercevant de la maledonne, sa clientèle se désagrégerait; les éléments hétérogènes qu'elle embrasse retourneraient à leur place naturelle, aux deux bouts de la société. Entre ses deux selles écartées, la position de Drumont ne serait plus tenable.

Il fallait donc trouver une autre formule, plus compréhensive, qui fût bien la propriété du parti antisémite et sauvât sa raison d'être. Drumont n'est pas embarrassé pour si peu. On sait qu'il a de la philosophie. Ce n'est pas un polémiste vulgaire, c'est un « savant ». Il dit volontiers « Mon prédécesseur Taine... Nous autres sociologues... » L'histoire et les sciences sociales n'ont pas de secrets pour lui. Il a remarqué l'usage qu'elles font de l'idée de race. L'idée de race sera son cheval de bataille. Si les Juifs sont détestables, ce n'est pas parce qu'ils n'adorent pas Jésus suivant les rites catholiques (car alors l'antisémitisme se fondrait dans le cléricalisme); ce

n'est pas non plus parce que certains d'entre
eux accaparent trop de capitaux (car alors,
l'antisémitisme se fondrait dans le socialisme);
c'est parce qu'ils sont d'une race différente de
la race française[1] (et ainsi l'antisémitisme,
parti enfin autonome, aura sa place au soleil).

L'idée fait son chemin. M. Barrès, « l'intellectuel » du parti, a mis à la mode les disser-
tations ethnologiques. Elles se multiplient.
Interrogez quelque antisémite de salon, et
quand vous lui aurez demandé pourquoi,
enfin, les Juifs ne peuvent pas être de bons
Français — puisque de bons Français catholiques sont, comme des Juifs, dans les affaires,
puisque de bons Français protestants ou libres-
penseurs sont comme les Juifs, en dehors
de l'Eglise catholique, — il vous répondra
sans sourciller, d'un ton tranchant, au nom
de la science : « Affaire de race. Ils n'ont pas
la France dans le sang. Leur conformation
anatomique les empêche à jamais d'acquérir
la générosité française, la délicatesse française, l'esprit français. Transportez-les sur
tous les points de notre territoire, ouvrez-
leur toutes nos situations sociales : vous ne
changerez rien à leur nature ; partout la race
sémite reconnaîtra les siens, et fera des
siennes ! »

1. « La question de race prime tout », lit-on dans *la
France juive*, 71ᵉ édition, I, p. 39.

Ainsi, l'idée que la conformation anatomique détermine fatalement les caractères et les esprits, que les qualités corporelles, fixées dans les organismes, immodifiables malgré le changement des milieux, commandent les qualités morales, que les destinées d'une nation dépendent, par suite, de la nature des éléments ethniques qui la constituent, voilà l'idée mère de la philosophie des antisémites. C'est autour de cette idée qu'ils prétendent rassembler et organiser les classes différentes que les philosophies traditionnelles auraient séparées. C'est avec cette idée qu'ils pensent assurer à leur parti une originalité intellectuelle, une supériorité scientifique. — Le socialisme, en inscrivant sur son drapeau des théorèmes d'économistes, s'était flatté d'être « scientifique », et non plus utopique. L'antisémitisme, à son tour, veut sa part du prestige de la science. Mais, tandis que la « science » des socialistes était l'économie politique, c'est l'anthropologie qui sera la « science » des antisémites. La philosophie de l'antisémitisme est une branche de la métaphysique des races.

Tant vaut donc celle-ci, tant vaudra celle-là. Et c'est pourquoi, — si loin qu'une pareille discussion semble nous mettre des polémiques ordinaires, — il ne sera sans doute pas inutile, à qui veut estimer justement l'idée directrice de l'antisémitisme, de mesurer impartialement ce que peut l'anthropologie appliquée à l'histoire.

** **

Et d'abord, d'où est venue la force, au moins apparente, de la métaphysique des races ? Nous ne faisons pas à Drumont l'honneur ou l'injure de prétendre qu'il l'a inventée de toutes pièces : il l'a seulement exploitée avec adresse. Il a su, pour bien mener sa barque, trouver le vent. D'où partaient donc les souffles puissants qui ont gonflé ses voiles ?

De la science même, répond M. Brunetière, fidèle à sa tactique[1]. Si nous avons cru à la vertu des races, c'est la faute aux savants. — Peut-être : nous reconnaîtrons que l'histoire et la linguistique, lors de leurs premiers tâtonnements, se sont quelque peu compromises avec l'anthropologie. Mais, comme il arrive si souvent, les savants, en favorisant cette alliance, obéissaient à une invitation de l'opinion. Combien de fois les thèses des historiens ont-elles commencé par être des

1. Dans l'article *après le Procès*, publié dans *la Revue des Deux Mondes*, 1898.

réponses à la demande du sentiment populaire !

Il semble bien, en effet, que le sentiment populaire, dans la première moitié de ce siècle, appelait une philosophie des races. Les guerres du premier Empire avaient comme jonglé avec les peuples ; les territoires avaient été découpés et distribués, au hasard de l'épée, entre les généraux heureux ; les nations étaient redevenues, dans la main de César, comme l'argile dans la main du potier. C'est alors, sous cette pression insupportable, que les sentiments nationaux s'avivent ; on proteste contre une pratique qui dispose des hommes et des sols sans tenir compte des intérêts, des sympathies, des traditions ; à la place des réunions arbitraires et artificielles, l'Europe voudra, l'Empire une fois disloqué, reconstituer les unités vraiment naturelles.

Et pourquoi cherche-t-on, dans l'identité des races, le fondement solide de ces unités ? C'est l'effet d'un penchant spontané, celui-là même qui nous porte à considérer comme des frères les hommes que nous aimons. La fraternité a toujours été le symbole de l'union intime. Autrefois, dans les petites sociétés primitives, ne se tenaient pour associés que les gens du même sang. La même idée devait reparaître pour présider à l'organisation de ces grandes sociétés qui sont les nations

modernes. Aux volontés capricieuses des rois
elles opposaient les qualités immuables des
races, comme au sable mouvant le roc, sur
lequel devaient être bâties pour l'éternité les
maisons des familles. Des fils d'un même sang
qui se reconnaissent et se retrouvent, des
frères qui s'embrassent : voilà le premier
symbole des nationalités.

Lors donc que les savants cherchaient dans
les qualités des groupes ethniques le secret
des destinées nationales, ils ne faisaient, sans
doute, que céder aux vœux populaires. Mais il
faut reconnaître, en outre, que, de lui-même,
le mouvement des sciences les inclinait à
faire l'épreuve de la métaphysique des races.
Les théories ne sont pas seulement des reflets
d'un état de l'opinion ; elles naissent et
dépendent les unes des autres : la nature de
la dernière venue est déterminée par la nature
de celles qui l'ont précédée, soit qu'elle les
continue et les développe, soit, ce qui est peut-
être plus fréquent, qu'elle les limite et
réagisse contre leur influence.

Par une réaction de ce genre s'explique-
rait la faveur que devait rencontrer, dans
la première partie de ce siècle, la thèse
ethnographique. Le siècle précédent avait
abusé des formules universelles, applicables
à toute l'humanité. « Ne nous parlez plus
de *l'homme*, dira-t-on avec J. de Maistre ;

ce sont *les hommes* que nous voulons connaître. » Il était naturel qu'après s'être laissé absorber dans la contemplation du genre humain, toujours semblable à lui-même, l'attention des esprits fût attirée vers des conquêtes nouvelles, et fût frappée par la variété des espèces humaines. Assez d'abstractions: le réel, le concret, le divers, voilà notre sujet d'études. Le romantisme aidant, et pénétrant non seulement la littérature, mais la science historique, c'est du pittoresque qu'on s'éprit, c'est la différence des langues, des droits, des religions que l'on mit en relief, c'est par ses qualités propres, traditionnelles et incommunicables, qu'on voulut expliquer les faits et gestes de chaque peuple.

Mais pourquoi fut-on porté à fonder ces qualités dans la matière, à les présenter comme les résultantes de propriétés biologiques héréditaires, à placer les caractères nationaux dans la dépendance des races? C'est qu'on voulait construire une histoire enfin scientifique, connaissant des types et des lois, et qu'il semblait, à ce moment, qu'il ne pouvait y avoir de science que du matériel. Tandis que le spiritualisme piétinait dans le commentaire de l'absolu, les sciences naturelles marchaient à grandes enjambées. Quelle tentation, pour la science sociale naissante, que d'emboîter le pas derrière elles, et de leur emprunter le fil d'Ariane! L'histoire, semblait-il, ne deviendrait vraiment explicative que du jour où elle aurait découvert, sous le tissu des événements humains, l'œuvre des « pr essus biologiques ». On attendait de l' .nropologie qu'elle vînt ordonner les matériaux accumulés par l'érudition, et les faire entrer dans les cadres des sciences déjà construites

Il est donc vrai que les ambitions scientifiques conspiraient avec les ambitions nationales pour porter sur le pavois la métaphysique des races. C'est de son règne que les unes et les autres ont d'abord attendu leur fortune. Si donc l'antisémitisme est un produit naturel de cette même métaphysique, ne semble-t-il pas qu'il soit en parfaite harmonie avec deux des grandes idées directrices du siècle?

Reste à savoir si, en cherchant à lier le sort de ces idées au sort de l'idée de race, on ne faisait pas fausse route, et si, depuis, on ne s'en est pas aperçu. Reste à savoir si, par le progrès même et de l'esprit scientifique et des consciences nationales, il n'a pas été démontré qu'il fallait dépasser le point de vue anthropologique et reléguer enfin la métaphysique des races au grenier des hypothèses avortées.

*
* *

Demandons-nous donc à quelles conditions et dans quelle mesure l'anthropologie peut fournir des explications scientifiques.

Un animal absorbe du curare et tombe mort. Si je puis prouver que le curare, en attaquant tel organe par ses réactions propres, devait, conformément aux lois chimiques et physiologiques, arrêter l'une ou l'autre des fonctions vitales, alors, et alors seulement j'explique le fait. Il ne m'étonne plus, il n'est plus une sorte de scandale pour ma raison, si j'ai montré non pas seulement qu'il est invariablement précédé de tel autre fait, mais comment et pourquoi, par quels intermédiaires et suivant quelles lois générales celui-ci produit celui-là. Vous constatez que votre enfant, exposé au froid, s'enrhume. Mais seul le médecin qui sait pour quelles raisons le froid, en abaissant la température du corps, enflamme les muqueuses et engourdit les phagocytes, tient de ce rhume une explication satisfaisante.

De pareilles explications, joies de l'intelligence, votre science des races peut-elle nous en livrer? Quand vous aurez dit d'un homme :

« C'est un Celte » ou « c'est un Sémite »,
aurez-vous vraiment expliqué par là pourquoi
il est généreux ou rapace, idéaliste ou uti-
litaire ?

Montrez-moi alors, d'un scalpel idéal, où
est la « fibre » de l'avarice, et celle de la phi-
lanthropie. Prouvez que la dolichocéphalie
du Sémite et la brachycéphalie du Celte
entraînent forcément telle structure déterminée des cellules cérébrales, et cette structure tel processus physiologique, et ce processus telle suite d'idées. Démontez ce mécanisme qui va de l'externe à l'interne : énoncez
les lois générales de son opération ; entre la
courbure du nez et le tour des sentiments,
jetez le pont, enfin ! Seulement alors vous
aurez expliqué l'histoire par l'anatomie, et
pourrez revendiquer, pour votre philosophie
des races, une supériorité « scientifique ».

Mais qui ne voit combien la science est
loin de pareilles explications, et que même
elle paraît fort sagement s'en détourner ? Les
anthropologistes compétents sont désormais
modestes : ils ont pu compter, en ce siècle,
tant de chutes retentissantes ! — Celle de Gall,
d'abord. Lorsqu'il a voulu, d'après les bosses
du crâne, augurer non plus seulement de
facultés très générales, mais de tendances précises, supposant des sentiments ou visant
des actes déterminés, la naïveté de son pos-

tulat a éclaté. Ne s'avisa-t-il pas de rechercher la bosse du vol? Fàcheuse ambition. On s'aperçut que le vol est un acte sociologiquement, non physiologiquement, défini. Il n'y a vol que là où il y a propriété, droits établis, société constituée. Il est difficile d'imaginer que toutes ces notions, supposées par l'idée du vol, soit comme écrites d'avance dans l'organisme ; elles ne sauraient entrer dans l'esprit que par l'expérience et sous l'action de la vie sociale. Sa structure anatomique peut bien, d'une manière générale, rendre un homme passionné ou impulsif; mais on ne saurait prédire *a priori* que, dans quelque milieu qu'il grandisse, et quelque enseignement qu'il en reçoive, elle le fera voleur.

Et voilà pourquoi Lombroso — second Icare de l'anthropologie — devait mesurer en vain, dans toutes les prisons de l'Italie, les indices nasaux ou les déviations oculaires; les stigmates du crime laborieusement établis, il se trouvait toujours des honnêtes gens, malencontreux, pour les porter sur la figure ; le type « criminel-né » restait fuyant. On naît peut-être brutal, en effet, mais « criminel? » Pourquoi pas « bicycliste¹? » Il serait cruel d'insister. Le criminel-né de M. Lombroso

1. Voir une discussion développée des thèses de Lombroso dans deux conférences de Manouvrier, *Bulletin de la Société d'Anthropologie*, 1890, p. 920 ; 1893, p. 409.

a été « exécuté » depuis longtemps, et de
main de maître. « Caricature de la science »,
a dit Virchov d'une anthropologie aussi pré-
tentieuse.

C'est qu'en effet la connaissance des corps
nous laisse peut-être préjuger de certaines
qualités très générales et très simples des
caractères ou des esprits; mais sitôt qu'on
s'élève dans l'échelle des phénomènes psy-
chiques, le fil se perd, toute déduction devient
impossible. Je puis, peut-être, à l'aspect d'un
homme, prédire ses « temps de réaction », sa
vivacité ou sa lenteur naturelles; mais est-il,
oui ou non, capable de pratiquer la justice,
et de comprendre Voltaire ou Bossuet, voilà
ce qu'aucun instrument, appliqué sur son
cerveau mis à nu, ne saurait m'apprendre à
l'avance. Vous ouvririez en vain, farouches
antisémites, cent crânes de Juifs : y trouveriez-
vous la preuve que les Juifs sont incapables,
congénitalement, d'aimer la France?

C'est chimère que de vouloir lier, aux seuls
agencements de la matière, des combinai-
sons de sentiments un peu complexes, des habitudes proprement psychologiques. Entre ces
deux termes, la race et l'esprit, l'écart gran-
dit à chaque progrès intellectuel. Dans les
sociétés civilisées, les intelligences adultes, se
greffant les unes sur les autres, croisent incessamment leurs œuvres et s'en partagent les

fruits ; pour une végétation aussi touffue, pour
ce feuillage mobile et frémissant de vie, les
seules propriétés biologiques des races seraient
de trop pauvres et lointaines racines. L'anthro-
pologiste qui s'obstine à réduire la variété
des sentiments et des croyances à la diversité
des constitutions corporelles, s'entête dans une
illusion d'explication : il ne peut qu'affirmer,
sans démontrer ; il s'épuise dans l'admiration
stérile d'une cause incertaine, qui produirait,
on ne sait par quelle mystique opération les
phénomènes historiques. Et dès lors il est
incapable de voir leurs causes prochaines et
claires, quand elles lui crèveraient les yeux.

Regardez autour de vous ; imaginez les
différents « milieux » que vous avez déjà tra-
versés : n'y trouvez-vous pas, bien plus clai·
rement que dans votre structure anatomique,
les raisons de votre évolution mentale ? Si la
race propose, dit M. Manouvrier, le milieu
dispose. C'est lui qui choisit entre vos apti-
tudes encore indéterminées, fait passer les
unes à l'acte, engourdit les autres, et, en
vous fournissant vos motifs d'action, oriente
votre conduite. Si cet homme est devenu
voleur ou assassin, je l'expliquerai, bien
plus clairement que par quelque prédestina-
tion organique, par les diverses influences
qu'il a subies, par l'enseignement qu'il a reçu
de sa famille, de la rue, des journaux, par

la position enfin qui lui a été assignée dans
l'ensemble social. A des influences de cette
sorte, soumettez tout un peuple, enfermez-le
dans un ghetto, marquez-le d'une rouelle
jaune, bouchez-lui l'accès de certaines pro-
fessions, et très probablement vous impri-
merez à tous ses membres, courbés sous le
même poids, des traits analogues. En ce sens,
il est vrai qu'il s'est constitué un caractère
juif; mais à qui la faute? Aux formes sociales,
non aux conformations anatomiques.

Ne dites donc plus que, fatalement, parce
qu'ils ont ce caractère «dans le sang », les Juifs,
ne sauraient être bons Français, bons soldats,
bons philanthropes. Les causes qui ont modelé
leur âme sont elles-mêmes mobiles. *Sublatà
causà, tollitur effectus.* C'est mal comprendre le
déterminisme que de représenter toutes les
idées ou les actions des hommes comme écrites,
de toute éternité, dans leur type ethnique.
Détermination n'exclut pas modification. S'il
est vrai que les caractères et les esprits obéissent
aux causes sociales bien plutôt qu'aux causes
physiques, cessons enfin de ressasser « les
fatalités de l'atavisme ».

Que, d'ailleurs, par le seul progrès de la
civilisation, la part proportionnelle du « fac-
teur biologique » se réduise quasi mécaniquement, on l'a enfin compris. Ecoutons
M. Topinard : la tâche de l'anthropologie

devient de plus en plus difficile, parce que « les sociétés sont arrivées à acquérir des caractères collectifs propres, dépendant bien plus des circonstances et de cet entraînement qu'on appelle le progrès que de la nature des éléments anthropologiques qui entrent dans leur composition[1] ». Qu'une même civilisation prenne dès le berceau les enfants des Sémites et ceux des Aryens, ceux des Germains et ceux des Celtes, qu'elle leur apprenne la même langue, les nourrisse des mêmes traditions, leur fasse lever le front vers le même idéal, et les dispositions physiques que leur lèguent leurs racès pèseront bien peu, sans doute, en balance du pain spirituel, préparé par les siècles, qu'elle les invite à partager.

Quand comprendra-t-on, enfin, la belle pensée, si souvent citée, d'Auguste Comte? « Les morts gouvernent les vivants. » Cela ne veut pas dire que, par la structure physique qu'ils leur transmettent, les ancêtres déterminent d'avance toute la conduite de leurs descendants. Mais les choses sociales, le patrimoine intellectuel, le trésor des sentiments et des idées, qui dorment dans les musées, dans les bibliothèques, dans tous les monuments durables de nos activités d'un

1. *L'Homme dans la nature*, p. 19.

jour, voilà l'héritage vraiment précieux,
capital idéal où chaque génération puise et
que chaque génération accroît. Ceux qui les
manient et les font valoir, ces richesses imma-
térielles, en reçoivent justement la faculté
d'échapper, dans une mesure de plus en plus
large, aux servitudes de l'hérédité biologique.
Si les corps les divisent, ils s'unissent par
l'esprit. Par cela même que la puissance
sociale augmente, la puissance des races
diminue. Civilisation est spiritualisation.

Aussi ne faut-il point s'étonner que les
jeunes sciences sociales apportent, au vieux
spiritualisme, l'hommage de leur reconnaissance. Elles le remercient d'avoir maintenu,
envers et contre tous, que, dans la vie de
l'esprit, tout ne saurait s'expliquer par la
structure du corps[1]. Ceux-là mêmes qui
tiennent le spiritualisme pour douteux en
ce qu'il affirme, le tiendront pour utile en ce
qu'il a nié. En limitant la prétention physiologique, il posait comme des pierres d'at-
tente pour les futures constructions des sociologues. Lorsqu'il s'est agi d'expliquer enfin
les grands faits de l'histoire, il a été heureux
qu'on ne s'obstinât pas à les regarder comme
de simples reflets, comme les « épiphéno-
mènes » de processus biologiques, et qu'on

1. Voir Durkheim, *Division du travail ;* — Darlu, *Discours prononcé au Congrès des Sociétés savantes*. Paris, 1898.

admit dans la science l'étude de mille influences qui, pour être impalpables et impondérables, n'en sont pas moins réelles et agissantes. La propagation des coutumes et des modes, la division du travail, l'hétérogénéité ou l'homogénéité des groupements, leur intégration ou leur amorphisme, voilà des phénomènes qui ne sauraient sans doute s'exprimer en termes biologiques, mais dont on a pu cependant démontrer l'efficacité universelle. La plupart des récentes conquêtes des sciences sociales s'accomplissent ainsi en dehors de l'anthropologie ; ou plutôt elles gagnent sur ses terres et l'exproprient peu à peu. A voir s'expliquer naturellement par la science comparée des religions, des droits, des organisations économiques, ce qui restait mystérieusement attribué au « génie des races », on s'aperçoit enfin que le génie des races est un problème plutôt qu'une solution, une énigme stérile, une hypothèse encombrante. L'alliance première des historiens et des anthropologues est aujourd'hui dénoncée ; l'explication « par la race » n'apparaît plus que comme un pis-aller. « C'est au moment où elle est chassée du cabinet des savants, dit M. Darlu, que l'idée de race descend dans la rue. »

Un fatalisme mystique, et un matérialisme paresseux, voilà ce qu'il y a au fond de la métaphysique des races : on a enfin compris que les sciences sociales, pour se constituer, n'avaient besoin ni de l'un ni de l'autre. Des phrases vagues, tant qu'on voudra, des substantifs imposants, des symboles ingénieux, l'anthropologie chère aux antisémites peut encore en fournir ; mais des explications scientifiques satisfaisantes, jamais.

*
* *

Si du moins, dans cette impuissance explicative, on pouvait constater avec précision, entre telles idées et telles races, des relations constantes ! L'induction suppléerait alors à la déduction. « Vous nous demandez de démontrer comment, par quels intermédiaires et suivant quelles lois générales, la structure anatomique détermine les habitudes d'esprit. C'est trop exiger. Pour répondre à cette question, ce n'est rien moins que le problème des rapports du physique avec le moral qu'il faudrait avoir résolu. Mais, quand bien même les voies de l'action des races nous resteraient inconnues, nous pourrions du moins vous prouver, par l'expérience historique, que des états d'esprit particuliers correspondent aux diverses races humaines, et qu'ainsi le patrimoine idéal des nations dépend de la race qui les a constituées. »

C'est justement ce dont la preuve est impossible.

Dès les temps très anciens, la pureté des races est sans doute un mythe. A l'époque même où la famille est le seul groupement organisé, où l'on ne compte de relations sociales définies que celles qui reposent sur la communauté de sang, où les frères seuls sont associés, où le père est de droit prêtre, juge et roi, jusque dans cette *gens* exclusive et jalouse que les ethnographes retrouvent à l'origine de presque toutes nos sociétés, le mélange des lignées s'opère. L'adoption supplée à la génération. Par l'adoption, le père de famille a le droit d'incorporer à son groupe un enfant qui n'est nullement de son sang. Combien de fois ainsi, en Grèce, à Rome ou dans l'Inde, des clans se sont développés où la communauté du sang était une fiction ! N'expliquez donc pas la fortune de chacun d'eux, ses coutumes et ses croyances par l'identité de ses éléments ethniques : ce sont bien plutôt ses croyances, ses coutumes, son histoire qui ont constitué son unité, en prêtant à ses membres différents une âme commune.

En tous cas, l'évolution des cités antiques a pour premier résultat de forcer les cadres de l'unité familiale et de multiplier les croisements de races. Athènes, reine des cités grecques, est aussi, par son port ouvert, la plus accueillante aux « Pamphyles ». Rome, dès l'origine, fut « un ramassis de races » Et si elle a conquis le monde, c'est en incorporant, parmi les citoyens romains, Latins et Celtes, Germains et Asiatiques. Rappelons-nous le tableau, cent fois retracé, de la Rome impériale ; médecins grecs, prêtres égyptiens, légionnaires gaulois, une foule bariolée courait dans ses rues ; les races les plus éloignées, des quatre coins de l'univers connu, venaient se rencontrer et se fondre dans l'unité romaine. L'histoire antique est celle du mélange progressif des races.

Que dire alors de l'histoire moderne, et des unités nationales qui la couronnent ! Migrations brusques ou lentes invasions de masses, conquêtes royales, expéditions de commerçants ou de pèlerins, tous ces déplacements de la poussière humaine à la surface de l'Europe étaient autant d'occasions de mélanges ethniques. « Métisses, cent fois métisses », s'écrie Gobineau[1] en parlant des sociétés modernes ; et il déplore en vain cette promiscuité croissante, cette « panmixie » par laquelle les traits distinctifs des races devaient être fatalement effacés. Il n'est peut-être pas

---

1. *Essai sur l'Inégalité des races humaines*, 2ᵉ éd., I, 218.

un grand événement de la vie européenne
qui n'ait eu pour conséquence, directe ou
indirecte, quelque fusion ethnique. Il semble
que cette chimie qui est l'histoire ait éprouvé
le besoin de brasser sans trêve et de mêler
intimement toutes les races d'Europe, avant
d'opérer ces grandes synthèses qui sont les
nations.

Maintiendrez-vous que l'avènement des
nationalités a eu justement pour résultat de
rendre chaque race à son sol et d'affilier
enfin chaque homme au groupe de ses frères
naturels? Les révolutions du commencement
de notre siècle auraient alors fait l'office de
tamis : par leurs secousses, les graines d'es-
sences diverses se seraient définitivement
classées. En prenant conscience de leurs
droits et de leurs traditions, les peuples
auraient séparé ce que les rois unissaient,
uni ce qu'ils séparaient; désormais, autant
de nations, autant de races.

On a pu le croire un moment, nous l'avons
vu, mais ce n'est décidément qu'une illusion.
Les progrès de l'anthropologie nous forcent
enfin à le reconnaître[1] : « La notion de races
est absolument étrangère à celle de nation.
L'anthropologie n'a rien à voir avec les questions de nationalité. » Plus les sociétés se

1. Topinard, *Eléments d'anthropologie générale*, 1885,
p. 213.

5

civilisent et plus les races se fusionnent. A moins donc que toute notre civilisation ne fasse machine en arrière, nous n'y reverrons plus de variétés humaines tranchées, de groupements ethniques fermés. Leur renaissance est entravée par toutes les formes du progrès : les nations modernes pouvaient-elles résister au mouvement général qu'il leur impose?

De fait, des Ligures et des Normands, des Bretons et des Saxons se sont mêlés en Angleterre. En Allemagne, les Teutons sont croisés de Celtes et de Slaves. La Russie unit des Scythes et des Finnois, des Tatars et des Slaves. Pour la France, enfin, à ceux qui craignent que notre caractère national ne s'oblitère par l'immigration, M. Lagneau répond [1] : « Au point de vue ethnographique, notre nation se compose d'Aquitains de race ibérique, comme beaucoup d'Espagnols, de Ligures de même race que certains Italiens, de Celtes de même race que la plupart des Suisses, de Belges, de Germains, de Burgondions, de Francs de même race que les Allemands et les Scandinaves. » « La France, dit M. Hanotaux, est parente de toutes les races. » Comment des sociétés aussi composites pourraient-elles, au nom de la pureté des races, prononcer l'exclusion de telle ou telle caté-

1. *Bulletin de la Société d'anthropologie de Paris*, t. V, p. 431.

gorie de citoyens? Si nous permettions à l'anthropologie des antisémites de « purifier » ainsi la France, qu'en resterait-il ?

Reconnaissons-le donc : comme à l'esprit scientifique, la métaphysique des races offre une base trop étroite aux sentiments nationaux. La science sociale, en prenant conscience des vraies conditions des événements historiques, a compris que son succès n'était nullement lié à la cause d'un matérialisme exclusif. De même, les nations modernes, en prenant conscience de leurs vrais principes constitutifs, comprennent que leur fortune n'est nullement liée à l'identité de leurs éléments biologiques. — Ici encore le progrès de la civilisation vient donner raison, en un sens, aux doctrines spiritualistes ; légitimement, elles répètent aujourd'hui, l'histoire en main, contre la métaphysique des races : « Ce qui fait l'homme, c'est moins la conformation organique que l'intelligence et la volonté ; ce qui fait la nation, c'est moins la ressemblance des corps que la conspiration des idées. »

*
* *

.Pourquoi faut-il que nous ayons besoin de rappeler, à des Français, quels étaient les

avocats désignés de ces conceptions nouvelles.
C'était notre mission que de les faire triompher
dans le monde.

Par toute son histoire, en unifiant intimement tant de provinces diverses, la France
avait la première — combien de fois l'a-t-on
répété? — triomphé de la matière sous les
deux espèces du sol et de la race. Par ses
déclarations solennelles de 89, du jour où
elle prétendait, d'un acte délibéré et volontaire, se constituer en nation libre, c'était
toutes les formes du matérialisme et du fatalisme qu'elle semblait répudier à jamais.
Enfin et surtout, après 1870, n'est-ce pas
l'affirmation d'une sorte de spiritualisme
national qu'elle oppose obstinément aux
théories par lesquelles les Allemands justifient
leur coup de force? Si nous protestons contre
l'annexion, est-ce parce que nous pouvons
prouver que les Alsaciens-Lorrains ont « le
sang latin » ou « le crâne celte »? Leur
volonté, telle est la vraie raison de notre
protestation inlassable. Quelle que soit la
couleur de ses yeux, ou bien la forme de sa
tête, si un homme veut, de toutes les forces
de son âme, rester Français, nous n'acceptons pas qu'on l'arrache à la France. — Et
voilà pourquoi la théorie française des nationalités, la théorie des vainqueurs de 93 et
celle des vaincus de 70, est bien celle que

Renan exprimait par ces mots [1] : « Une nation
est une âme, un principe *spirituel.* »

Nous demander, au nom de la diversité des
races, des lois spéciales contre une catégorie
de citoyens; parce qu'ils sont plus ou moins
dolichocéphales que la majorité des autres,
nous presser de les exclure de nos droits, c'est
donc, — il faut s'en rendre compte — nous
inviter à renier ce rationalisme généreux qui
est la tradition de la France. « La patrie chez
nous, a écrit un de nos maîtres [2], c'est le respect

1. Dans la conférence : *Qu'est-ce qu'une Nation?*
2. M. Boutroux, dans une lettre écrite à propos de la
manifestation des antisémites sur la place de la Concorde
(*le Temps*, du 27 janvier 1898). Il faut citer cette lettre en
entier.

Mon cher Ami,

Vous me demandez quels sont mes sentiments en
présence des désordres auxquels nous assistons, notamment
au sujet des manifestations qui se sont produites sur la
place de la Concorde. Je ne suis, vous le savez, qu'un médi-
tatif retiré, impropre de toute manière à la vie active. Mais
je n'ai pas besoin de songer à mon devoir, je suis l'impulsion invincible de mon cœur, en unissant intimement
ma vie à celle de mon pays. Je ne songe point à dissimuler
mon émotion actuelle, et je vous répondrai très librement,
puisque vous voulez bien m'interroger.

Depuis longtemps, sous l'influence de nos études classiques et aussi par suite de longs et fréquents séjours à
l'Etranger, j'ai pris l'habitude de juger des questions inté-
rieures par leur rapport à la politique extérieure. C'est, je
pense, une règle qui ne trompe guère, de se demander en
toute circonstance : Cette conduite est-elle de nature à
accroître la force, le prestige et le bon renom de la patrie?
Que de questions soi-disant énormes deviennent insigni-

de la dignité humaine, et l'égalité civile et politique de tous les citoyens. »

Lors donc que les antisémites prennent le masque du « nationalisme », invoquent les « vieilles traditions françaises », en appellent au « génie du pays », ce n'est qu'une ironie sanglante. Rendez à l'Allemagne des idées importées d'Allemagne; c'est nous qui aurions

fiantes, rapportées à cette mesure ? Mais que d'événements, où l'on voudrait ne voir que des écarts sans conséquence, prennent des proportions inattendues !

La France a subi des revers inouïs. La preuve palpable de son relèvement matériel n'existe pas encore. Sa grandeur morale est toujours debout. Elle est la patrie de l'humanité. Elle a proclamé que les hommes naissent libres et égaux en droits, que nul ne doit être inquiété pour ses opinions même religieuses, que la loi ne connaît que des citoyens, auxquels elle assure, sans distinction, la liberté de conscience. Si nous faisons fi de cette grandeur, les autres peuples s'en souviennent. Ils pensent que, dans l'âme française, est innée la disposition à juger les hommes d'après leur honnêteté et leur mérite intrinsèque, non d après leur naissance, leur situation ou leur confession religieuse. Quelle joie profonde et réconfortante pour un Français qui se trouve à l'Etranger, de voir s'avancer vers lui, confiant et gagné d'avance, l'honnête homme que l'on repousse de toutes parts, sous prétexte qu'il appartient à telle race, à telle secte, à telle Eglise! C'est par ce sens du droit et de l'humanité, dit Gœthe, que les Français gagnèrent tous les cœurs :

> So gewannen sie bald, die überwiegenden Franken,
> Erst der Mænner Geist...

— Quel honneur, si ces paroles s'appliquent aujourd'hui encore !

Les peuples ont encore foi en nous. Cette foi est particulièrement vivace chez ceux qui ont mêlé leur âme à la nôtre, et que nous ne pourrions oublier sans consommer

le droit de vous dire : « Votre philosophie ne choque pas seulement l'esprit scientifique, elle heurte les idées qui sont l'âme de la France. Parce que vous n'avez su comprendre ni le progrès de la science, ni la logique nationale, vous n'êtes pas seulement des philosophes aveugles, mais des Français égarés. »

nous-mêmes notre déchéance. Si nous voulons que notre cause reste juste et qu'elle soit forte par sa grandeur même, nous ne pouvons renier le noble idéal dont le culte marque notre place dans le monde.

Quel sens pourrait donc avoir dans notre pays cet accouplement monstrueux : « Vive l'armée ! A bas les Juifs ! » Et cela devant l'image de Strasbourg ! L'armée est la force organisée en vue de la conservation de la patrie, et la patrie, chez nous, c'est le respect de la dignité humaine et l'égalité civile et politique de tous les citoyens. On s'étonnerait grandement à l'Etranger, si de tels égarements avaient quelque généralité et quelque durée. On serait douloureusement ému, là même où l'on s'est fait de la fidélité une religion. Et qui sait si quelques âmes faibles ne se demanderaient pas : Est-ce bien encore la France, la France que nous portons dans notre cœur, et à qui nous sacrifions notre tranquillité, notre sécurité, nos joies de famille ?

Il faudrait déplorer les erreurs présentes si nous n'avions affaire qu'à nous-mêmes. Si nous songeons à l'effet qu'elles pourraient produire à l'Etranger, jusque parmi ceux qui nous sont le plus attachés, elles doivent nous préoccuper très sérieusement. Là, plus anxieusement encore que chez nous-mêmes, on attend que se dissipe le brouillard qui passe devant la statue de la France...

L'ARMÉE ET LA DÉMOCRATIE[1]

Citoyens,

Partisans décidés de la démocratie, on dit que nous sommes logiquement les ennemis de l'armée. Entre l'une et l'autre il y aurait, — c'est un Ministre « républicain » qui le confesse, — une incompatibilité d'humeur que la crise actuelle n'a pas engendrée, mais seulement révélée. Toutes nos protestations contre telle ou telle injustice ne sont qu'autant d'attaques détournées contre l'institution militaire elle-même. Si nous dénonçons une condamnation illégale, un acquittement scandaleux, un suicide mystérieux, un emprisonnement arbitraire, c'est que nous visons le militarisme au cœur ; nos invocations à la Vérité et à la Justice n'ont d'autre but que de cacher l'effort parricide tenté par la démocratie pour désarmer la patrie.

[1]. Conférence prononcée à Béziers, le 16 avril 1899.

Certes, si l'on veut seulement dire que l'idéal démocratique tendrait à supprimer la guerre, nous l'avouons, nous le déclarons. Par principe, une démocratie consciente de son idée directrice répugnera aux batailles sanglantes. Pour qui souhaite que le règne de l'esprit d'humanité arrive enfin, que les peuples s'émancipent, et jouissent de la plus grande liberté compatible avec la justice, la guerre ne saurait apparaître que comme une fatalité détestable.

Qu'on se représente un champ de bataille ; qu'on y voie se concentrer, pour se détruire, non pas seulement tant de choses amassées avec tant de peines, mais tant d'êtres conçus, formés, élevés avec tant d'amour, et l'on comprendra tout ce que l'humanité perd en un jour de carnage. Et ses pertes, à nos yeux, ne sont pas seulement matérielles, mais morales ; car, s'il est très vrai que la guerre suscite des héroïsmes individuels admirables, il est vrai aussi qu'elle entraîne, le plus souvent, un recul des sentiments moraux qui sont nécessaires au progrès humain ; elle réveille des haines animales, éteint le souci du droit et, engourdissant dans les organismes nationaux l'instinct de la liberté, facilite les voies au despotisme.

Voilà pourquoi les peuples ont été heureusement surpris lorsqu'ils ont entendu, l'autre jour, le tsar de toutes les Russies dénoncer officiellement les crimes de la guerre et ceux de la paix armée ; pour une fois, la parole tombant d'en haut a été l'écho des plaintes qui montent d'en bas ; ce jour-là, l'autocrate a représenté la démocratie.

Mais, Messieurs, pour franc et défini que soit notre idéal démocratique, nous savons, aussi bien que les autres, de quel poids pèsent les nécessités historiques. Nous savons, malheureusement, qu'à ce moment de l'histoire, dans l'état actuel du monde, un pays signerait sa mort en mettant bas les armes. Celui qui voudrait donner l'exemple du désarmement donnerait en réalité le signal d'une curée générale, dont il serait la victime inutile. Qui serait assez naïf pour croire que la France peut dégraffer son corselet de fer, ôter son casque, et s'étendre nonchalamment sur son riche territoire ? Ce serait appeler l'invasion, ce serait tendre la gorge au couteau. Jetons seulement un regard au-delà de nos frontières ; mesurons les appétits dont nous sommes entourés, et nous ne comprendrons que trop clairement la nécessité de rester l'œil au guet, l'arme au poing, le doigt sur la détente. Autant que personne, nous croyons que la démocratie française a besoin d'une armée forte.

* *

Mensonge ou contradiction, diront nos adversaires, vous prétendez que vous voulez une armée forte, et vous ébranlez par vos protestations incessantes tout ce qui fait la force d'une armée : la supériorité reconnue des chefs, l'entrain des soldats au sacrifice, la fidélité de tous à la tradition nationale !

Avec quel art savant ces équivoques ont été entretenues, vous le savez du reste. Essayons de les dissiper en précisant ce que demande et ce que doit la nation à l'armée, l'armée à la nation.

Pour qu'une armée soit forte, utile au pays qu'elle doit défendre, il importe premièrement, sans nul doute, qu'elle soit bien dirigée ; il faut que son haut commandement soit l'intelligence et la loyauté même. Tout le monde en tombera d'accord.

Supposez maintenant que nous fassions un jour cette découverte désagréable, que les instruments de notre haut commandement n'ont pas toujours la trempe et la pureté nécessaires, et, par exemple, qu'un faussaire a régné sur notre état-major ? Quelle devra être notre attitude ? Faudra-t-il tirer rapidement le voile, faire la nuit et le silence, et laisser la nation s'endormir dans une confiance aveugle, — pour qu'elle se réveille comme en 70? Ou bien devrons-nous, au contraire, nous hâter de dénoncer le mal, demander que le membre pourri soit coupé avant que la gangrène ne s'étende à tout le corps? Les crimes flagrants, dirons-nous : « Vite, qu'on se solidarise avec les coupables, pour sauver la force de l'armée » ; ou, au contraire : « Pour sauver la force de l'armée, qu'on se sépare vite des coupables? » Cette dernière politique n'était-elle pas la plus prudente en même temps que la plus juste?

L'événement l'a prouvé. Un bon faux ne va jamais seul, une illégalité entraîne dix mensonges, le criminel qu'on veut sauver contamine les sauveteurs ; et c'est ainsi qu'un des services les plus importants de notre organisation militaire a pu sembler empoisonné. N'a-t-il pas bien mérité de son pays, celui qui a changé « l'air du bureau » et ouvert les fenêtres toutes grandes, pour laisser pénétrer le soleil purifiant? Lorsque nous déclarons que nous ne voulons confier les ressorts intimes de notre immense machine de guerre qu'à des esprits critiques et à des consciences scrupuleuses, incapables de commettre un mensonge et capables de le découvrir, n'est-ce pas nous qui entendons

bien l'intérêt de la défense nationale? Un
homme va se battre; deux amis examinent
son épée ; elle a des taches de rouille, elle a
des failles. L'un ne veut rien dire, l'autre
proteste ; il ne laissera pas son ami se battre
avec une épée qui pourrait trahir son effort.
Lequel des deux est l'ami véritable?

*
* *

Pour qu'une armée soit forte, utile au pays
qu'elle doit défendre, il ne lui suffit pas de
l'intelligence et de la moralité des chefs, il
lui faut l'entrain et l'ardeur des soldats; il
lui faut donc l'amour du peuple. Un peuple
qui n'irait au feu qu'à contre-cœur, de mauvaise grâce et l'épée dans les reins, serait
vaincu d'avance. Or, à quelle condition le
peuple démocratique aimera-t-il l'armée ?
à quelle condition portera-t-il allègrement la
charge du service militaire?

A la condition qu'il n'ait pas, en entrant à
la caserne, le sentiment qu'il doit « perdre
toute espérance », et qu'il sache qu'on y
tiendra compte des droits élémentaires, qu'il a
si péniblement conquis, — à la condition
qu'on n'oublie pas, enfin, la distance qui sépare
une armée moderne des armées anciennes.

D'une manière générale, l'armée d'ancien régime n'est constituée ni par le peuple ni pour le peuple. Composée de mercenaires et de professionnels, elle est dans la nation un organisme séparé, qui a ses fins et ses lois propres. Du moment qu'ils sont enrégimentés, les soldats deviennent en quelque sorte la propriété du chef. Sa seule volonté fait loi. Sa puissance n'apparaît pas comme légalisée et réglementée; elle est pour ainsi dire toute personnelle; elle n'a, en somme, d'autre principe et d'autre limite que la force [1].

Tout autre est, dans l'armée moderne, le rapport des soldats au chef. D'abord le but de l'armée est bien défini : « La garantie des droits de l'homme et du citoyen nécessite une force publique ; cette force est donc instituée pour l'avantage de tous et non pour l'utilité particulière de ceux auxquels elle est confiée. » C'est donc pour le peuple qu'est organisée l'institution militaire; et, de plus, c'est par le peuple qu'elle est organisée. L'armée de nos jours, c'est le peuple armé, et l'autorité des chefs, auxquels chacun se soumet dans l'intérêt commun, n'est plus qu'une émanation de la volonté de tous. Ceux auxquels la force publique est confiée n'ont plus, à vrai dire, d'autorité personnelle : leur

1. Voir les conférences faites à Saint-Cyr, sous la direction de M. Lavisse, sur *l'Armée à travers les âges*.

puissance n'est qu'une délégation, « une expression de la volonté générale ». Il est donc naturel que cette puissance soit elle-même réglée et soumise à la loi qui la fonde. L'armée moderne n'est plus une sphère extra-juridique ; le soldat n'est plus hors la loi ; quand le peuple entre à la caserne, il veut qu'on se souvienne, — parole comique qui sonne aujourd'hui tragiquement, —que, pour être soldat, on n'en est pas moins homme.

Et certes, nous le comprenons aussi bien que personne, en entrant à la caserne, le citoyen doit abdiquer, dans l'intérêt commun, un certain nombre des droits qu'il peut exercer dans la vie civile. Pour qu'une armée joue utilement son rôle, il faut qu'elle soit capable d'agir « comme un seul homme » ; il faut, par suite, que les ordres qui commandent l'action, conçus par un centre cérébral unique, soient immédiatement transmis jusqu'aux extrémités du corps entier, et universelle-ment exécutés, sans discussion. Une armée dont chaque soldat voudrait à chaque instant discuter l'ordre des chefs ne serait plus qu'une foule amorphe et inutile. Les indi-vidus associés pour former une armée doivent donc, sous peine de mort de l'organisme qu'ils cherchent à constituer, renoncer momentané-ment à leur autonomie. La chose est trop claire.

Mais défions-nous des équivoques. Ces abdications volontaires doivent-elles être des abdications totales ? Disons-nous que le soldat citoyen ne doit plus être, dans la main du chef, qu'une « chose » toute passive et insensible, *perinde ac cadaver?* Non, Messieurs, s'il y a des droits aliénables, il y a des droits imprescriptibles, et une armée moderne doit savoir faire la part des uns et des autres. Qui oserait déclarer, par exemple, qu'en entrant à la caserne, chacun de nous doit renoncer à l'espoir de n'être puni que pour ses fautes, et de n'être jugé que conformément aux lois? qui oserait déclarer que la discipline exige qu'on tolère l'illégalité et qu'on donne les mains à l'injustice ? C'est une méthode dangereuse que d'opposer le souci de la justice au respect de la discipline; car la justice est le ciment de toute société moderne ; où la justice n'est pas, les corps sociaux retournent vite en poussière. Aussi bien sous l'uniforme que sous le vêtement civil, nous portons une cuirasse invisible, que les temps modernes ont forgée et dont nous ne pouvons plus nous défaire; et c'est l'idée même du droit individuel. Certes, moderne ou ancienne, il n'y a pas d'armée sans sacrifice; mais si nous souscrivons au sacrifice volontaire et utile, nous répugnons au sacrifice inutile et arbitraire.

Nous acceptons la mort en face, en temps de guerre, d'une balle ennemie, mais nous ne voulons pas mourir, en temps de paix, sans gloire et sans profit, d'un coup de poignard dans le dos. Et c'est pourquoi nous avons protesté avec la plus grande énergie contre le système des communications de pièces secrètes ou des condamnations par ordre; car nous comprenions trop clairement que, si notre armée s'accommodait d'un pareil système, ce serait le plus sûr moyen de désaffectionner, de détacher radicalement le cœur de la démocratie de l'esprit de l'armée.

Quelques-uns de nos adversaires affectent, en se plaçant à notre point de vue, de s'étonner de nos protestations. « Si vous souhaitez le règne des idées égalitaires, pourquoi attaquez-vous l'esprit de l'armée? Elle est en somme, si on y regarde bien, la grande école d'égalité pour des nations modernes. Rapprochant intimement, pour les courber devant une même règle, les gens les plus éloignés par les distances matérielles et sociales, ceux de toutes les provinces et ceux de toutes les classes, n'est-elle pas le meilleur instrument de nivellement en même temps que d'unification[1]? »

1. Voici comment M. Brunetière exprime cette idée:
« Nous voulons une armée, parce que nous sommes une démocratie, et parce que, bien loin qu'à nos yeux, —

A merveille : nous croyons, en effet, que toutes les institutions qui rapprochent des classes malheureusement trop séparées par les mœurs aident spontanément au progrès général de la démocratie. Mais encore faut-il, pour qu'elles produisent leur effet normal, que leurs tendances ne soient pas systématiquement faussées. Si l'on confie la direction de cette immense machine, qui devait travailler à l'égalité automatiquement, à je ne sais quel esprit de caste, intolérant et aristocratique, comment la démocratie française s'en trouverait-elle bien? S'il est visible, par

comme à ceux d'un Président du Conseil, qui avait nom M. Dupuy, je crois, — la démocratie et l'armée soient incompatibles, tout au contraire nous croyons, nous. Messieurs, qu'entre une démocratie et une armée nationale il y a des rapports, des convenances, des affinités profondes. Oui, si le régime démocratique se fonde sur l'égalité des charges et des droits ; si l'objet de la démocratie, si le progrès de son principe consistent à s'efforcer d'atténuer ce qu'il y a toujours d'inique, et de non moins choquant pour la raison que d'attristant pour le cœur, dans l'inégalité des conditions sociales ; si sa politique est de rappeler perpétuellement ceux de ses membres qui seraient tentés de l'oublier au souvenir de leur origine commune, quel meilleur instrument pourrions-nous imaginer, pour maintenir une démocratie dans ses voies, qu'une armée nationale? *Deposuit potentes de sede et exaltavit humiles!* Une armée nationale abaisse ceux qui sont en haut ; elle élève ceux qui sont en bas, que voulez-vous de plus démocratique? Et, si j'y vois bien quelques inconvénients, combien n'y vois-je pas, et n'y voyez-vous pas, comme moi, sans doute encore plus d'avantages !...

Pour moi, j'aime l'armée d'être ainsi la grande « nive-

exemple, que parce qu'on appartient à la religion juive, on sera plus facilement exposé dans notre armée aux persécutions louches ou franches, aux calomnies et aux quarantaines, au soupçon et à la condamnation, n'aurons-nous pas le droit de protester contre cette résurrection de haines qu'on croyait mortes avec le moyen âge ? En ce faisant, nous ne dénonçons pas l'esprit de l'armée en général, et nous ne déclarons nullement qu'il est par principe, quoi qu'on dise et qu'on fasse, incompatible avec les légitimes aspirations démocratiques ; nous

leuse » ! Oui, je l'aime pour la régularité fonctionnelle avec laquelle elle ramène les générations au sentiment de l'égalité. Français du Nord et Français du Midi, paysans, ouvriers, bourgeois, aristocrates, intellectuels, elle les mêle tous ensemble, et tous ensemble elle les soumet à l'action de la même discipline. Ils ne courent le risque d'y perdre aucune de leurs qualités naturelles ; ils peuvent y en acquérir de nouvelles. Si l'ignorance où nous sommes du sentiment et des idées les uns des autres est le grand obstacle au progrès de l'idée démocratique, l'éducation militaire, la vie seule du régiment atténue les effets ou les dangers de cette ignorance. Et vous voyez bien, Messieurs, que, par cela même, par cela seul qu'il serait insensé de vouloir résister au courant de la démocratie, non seulement l'armée et la démocratie n'ont rien d'incompatible ; mais, au contraire, elles sont ensemble ; l'armée se reconnaît dans la démocratie dont elle émane ; la démocratie se reconnaît dans l'armée qui la représente ; et parce que nous sommes une démocratie et que nous voulons continuer d'en être une, c'est pour cela que nous voulons une armée. » (Conférence sur *la Nation et l'Armée*, dans les *Discours de Combat*, p. 231-234).

dénonçons seulement l'esprit archaïque qu'on semble vouloir réinstaller au cœur de l'armée moderne, et nous déclarons hautement que, si elle ne se débarrassait pas de ces survivances, elle ne saurait vivre en effet sur le même sol que la démocratie. Ceci tuerait cela.

Et n'est-ce pas en effet par des survivances que s'explique le succès de ces conceptions étranges et équivoques qu'on a dressées pour nous barrer la route ? Vous connaissez cette nouvelle idole, « l'honneur de l'armée », et vous savez à quels usages on l'a fait servir. Toutes les fois qu'un mensonge, un faux, un crime se découvrait : « Vite, creusons un trou, amassons la terre, plantons un drapeau, et écrivons, sur la terre du crime : c'est l'Honneur de l'armée, n'y touchez pas ! » Et lorsque l'innocent là-bas, a relevé la tête, lorsque Lazare a soulevé la pierre de son tombeau, on s'est écrié encore : « Il y est, qu'il y reste. Laissons sur lui retomber sa pierre et sur cette pierre, pour que plus jamais elle ne bouge, bâtissons l'Honneur de l'armée ! » Est-ce que ce ne sont pas là des idées d'un autre âge ? Si l'armée constituait encore une caste dans la nation, ayant son honneur propre, distinct de l'honneur national, on comprendrait qu'elle hésitât à reconnaître, à confesser devant la nation les erreurs ou les faux de quelques-uns de ses membres : on comprendrait que l'intervention et les réclamations des « civils » la missent hors d'elle. « Guerre aux prétentions du civilisme[1] », c'est la devise qui convient à une armée aristocratique, hautaine et exclusive, nourrie de dogmes théocratiques, et prétendant, pour tous ses chefs, à une infaillibilité papale. Mais combien il est dangereux de revivifier aujourd'hui de pareilles conceptions! Comment ne sent-on pas qu'elles jurent avec les affirmations essentielles de la conscience moderne! Elle n'admet plus d'autre souveraineté qu'une souveraineté déléguée et contrôlable, d'autre loi que la justice égale pour tous.

On raconte que certaines tribus sauvages, lorsqu'elles veulent construire une tour pour défendre leur territoire, y murent un prisonnier, entassent les moellons sur son corps, les cimentent avec son sang. C'est là ce que nos nationalistes ont voulu faire avec le corps et le sang de Dreyfus. Comment n'ont-ils pas compris que de nos jours, après les conquêtes de la conscience, cette barbarie était intolérable? que fatalement, après trois jours ou trois années, la victime se redresserait, montrerait sa face pâle, ses yeux caves, et ferait trembler leur tour du haut en bas?

1. Ce sont les expressions du P. Didon dans son discours prononcé à Arcueil devant le général Jamont.

Tant il est vrai que, dès à présent, on ne peut plus rien bâtir de solide sur l'injustice.

Rien ne serait donc plus dangereux, et pour l'armée et pour la nation, que de faire croire que les exigences les plus sacrées de l'esprit moderne sont incompatibles avec l'esprit militaire. Pendant que notre nation réclame de plus en plus impérieusement l'égalité des hommes, le respect de la loi, la souveraineté du peuple, si vous invoquez, pour soutenir l'armée, des théories théocratiques, aristocratiques, et anti-égalitaires, vous rendez le divorce fatal ; c'est pourquoi nous avons demandé avec tant d'insistance que l'armée fût purifiée ; c'est pourquoi nous avons suivi avec tant d'angoisse la lutte de Picquart contre ses insaisissables adversaires ; ces guerres de personnes cachaient des guerres d'idées : c'était la lutte de l'esprit de caste avec l'esprit d'humanité ; et l'enjeu de cette lutte, c'était l'union même de notre armée avec notre démocratie.

*
* *

Et qu'on ne dise pas que, pendant cette lutte, nous n'avons songé qu'aux droits de l'individu, oubliant la tradition nationale, celle qui fait la communion morale des défenseurs d'un même sol et, planant au-dessus de leurs bataillons, les entraîne, d'un unanime élan, à la victoire. La réponse est facile, et nous l'avons cent fois répétée. La tradition nationale, chez nous, c'est précisément le respect des droits sacrés de la personne humaine.

La *Déclaration des droits de l'homme*, au nom de laquelle nous avons protesté, n'est-elle pas comme le miroir qui a concentré les plus purs rayons de notre histoire, pour en illuminer tout l'univers? N'est-ce pas elle qui, d'un bout du siècle à l'autre, assure à notre pays le respect même de ses ennemis avec l'amour de ses enfants, qui fait sa force enfin en même temps que sa gloire? Rappelez-vous le tremblement qui saisit les rois en 93, lorsqu'ils virent, à Valmy, à Jemmapes, leurs vieux régiments bousculés par la jeune armée républicaine. « Ces sans-culottes, ils avaient donc le diable au corps? » — « Oui, répond l'Histoire, parce qu'ils avaient le droit au cœur. »

Ah! Messieurs, quel viatique incomparable, quelle force morale pour notre armée, si elle conserve pieusement ce culte de la justice, si elle sent que l'idéal qu'elle défend est une des formes les plus hautes de l'idéal

humain, et qu'elle est toujours, enfin, le
« soldat du droit » !

En empêchant qu'un esprit tout contraire
ne se glisse dans nos institutions militaires,
nous faisons tous nos efforts pour maintenir,
entre l'armée et la nation, ce contact et cette
communion sans laquelle il n'y a pas d'armée
forte. Nous voulons que, dans les veines de
l'une et de l'autre, un même feu continue de
circuler. Nous nous opposons de toutes nos
forces, enfin, à ce qu'on déracine notre armée
de ce sol invisible qui est l'idéal démocratique en même temps que la tradition nationale, comprenant trop bien qu'autrement,
comme un arbre privé de sève, elle s'abat-
trait au premier choc.

En trois mots, nous avons voulu un commandement irréprochable, l'entrain du soldat
au devoir militaire, le respect unanime de la
tradition nationale ; et voilà pourquoi nous
sommes les « ennemis de l'armée » !

Messieurs, cette calomnie serait incompré-
hensible si nous n'étions obligés de supposer,
chez les « amis de l'armée », des desseins en
effet bien différents des nôtres. Lorsque nous
souhaitons la force de notre armée, nous
songeons, nous, aux ennemis de l'extérieur
contre lesquels elle aurait à défendre le pays :

ils songent, eux, aux « ennemis de l'intérieur »
dont elle pourrait débarrasser leur parti.
S'il leur est impossible de prouver que nous
sommes réellement les ennemis de l'armée,
il ne nous est que trop facile de prouver
qu'ils sont réellement les ennemis de la
démocratie, et que toute leur ambition est
de mâter celle-ci à l'aide de celle-là.

Oui, leurs « vive l'armée ! » sont singulièrement intéressés, l'événement l'a prouvé, je
pense, avec une clarté aveuglante. On commence par acclamer un régiment, on fait une
ovation à un général, puis on saisit la bride
de son cheval et, discrètement d'abord, bru-
talement ensuite, on l'invite à marcher sur
l'Elysée, en passant, s'il le faut, sur le corps
du peuple. Que cet attentat n'ait pas été seulement l'acte isolé d'un fou, mais l'aboutis-
sante logique de toute une campagne, on n'a
qu'à lire, pour s'en convaincre, toute cette
« littérature chrétienne », qui va de *la Libre
Parole* à *la Revue hebdomadaire*, et qui n'est
qu'une longue invitation aux coups de force.
Pendant que *le Gaulois* réclame un « grand
soir rouge », écoutez Coppée qui fait, après
M. de Vogué, l'apologie des coups d'Etat ;
rappelez-vous le P. Didon et sa prière au glaive.
Toutes ces excitations au meurtre ne prouvent-
elles pas l'existence d'une sorte de syndicat
qui réunit, dans une même haine de la Répu-

blique, le jésuite et l'antisémite, et qui fait des efforts systématiques pour tourner l'armée contre la nation?

C'est contre cet effort sacrilège que nous nous unissons, lorsque nous exigeons que, dans l'armée comme hors de l'armée, les traditions nationales soient respectées, les lois obéies, les coupables punis et l'innocent réhabilité. Contre ces entreprises, sournoises ou cyniques, nous défendons à la fois l'armée et la nation en demandant, puisqu'il faut que notre démocratie reste armée, que notre armée aussi reste démocratique.

INTELLECTUELS ET MANUELS [1]

Citoyens,

J'ai accepté avec plaisir de venir faire ici
cette conférence, espérant qu'elle contribue-
rait, non seulement à rapprocher une fois de
plus nos deux grandes Universités méridio-
nales, Toulouse et Montpellier, mais à rendre
plus intime l'union de nos deux grandes
forces sociales, les travailleurs manuels et les
travailleurs intellectuels. -

Les adversaires de notre Ligue affectent de
la représenter comme un « Syndicat » momen-
tané, organisé pour le salut d'un seul homme
et destiné, une fois le sauvetage accompli, à
retourner en poussière. Beaucoup de républicains, même, nous disent : « A quoi bon
s'affilier à votre société, puisque maintenant
votre homme est tiré de peine ? » Concevoir
ainsi notre entreprise, c'est rapetisser étran-

1. Conférence prononcée à Toulouse, le 21 décembre 1899.

gement notre ambition. J'ai le droit de dire que, dans « l'Affaire », nous avons vu plus loin, visé plus haut. Si nous nous sommes tant agités pour que Dreyfus revînt de l'île du Diable, c'est que nous voulions voir avec lui, sur le même navire, rentrer au sol natal tout un cortège d'idées qui nous sont sacrées. Nous n'avons pas lutté seulement pour un Français, mais pour la France ; non seulement pour un citoyen, mais pour la République ; non seulement pour un homme, mais pour l'humanité. Nous entendons bien prouver, par nos actes futurs, la largeur de ces préoccupations initiales. Quand l'Affaire sera terminée, notre œuvre ne fera que commencer.

Et je sais trop bien que l'Affaire n'est pas terminée et qu'il nous faut surveiller, sans nous laisser distraire, les dernières convulsions du monstre... Faisons effort toutefois pour nous élever, dès maintenant, des personnalités aux généralités ; détournons-nous de la triste figure des criminels pour essayer d'apercevoir la face même de l'humanité future. Ne retenons, des luttes engagées, que leurs conséquences durables.

L'une des plus précieuses, l'une des plus fécondes, nous l'espérons bien, en contre-coups inattendus, est l'alliance des intellectuels avec

les manuels. A Paris comme à Toulouse, à
Toulouse comme à Montpellier, aux conférences organisées par Pressensé ou par Jaurès, présidées par Duclaux ou par Buisson,
on a pu voir ce phénomène singulier : des
chimistes et des mathématiciens, des natura-
listes et des historiens, des philologues et des
philosophes marchant, la main dans la main,
avec des charpentiers et des maçons, des verriers et des zingueurs, des rouliers et des
vignerons. Voilà le rapprochement inattendu
qui fait trembler tant de bourgeois sur leur
fauteuil Voltaire et les jette aujourd'hui, con-
trits et repentants, aux pieds d'une Eglise
qu'ils ont si longtemps bafouée : voilà le véritable « fait nouveau » de l'Affaire.

Et sans doute il ne faut pas dire qu'il soit
absolument nouveau, il ne faut pas le dire
surtout à Toulouse ; puisque c'est de votre
ville, c'est de votre Université qu'a pris son
vol celui qu'on peut appeler, sans surexciter
aucune jalousie, l'aigle de votre parti socialiste, Jaurès ; l'esprit puissant, à l'envergure
si large, qui sait par de si fiers coups d'aile,
dominer les querelles d'un jour et nous enle-
ver jusqu'aux cimes, dorées déjà par l'aurore
des temps nouveaux... Dans votre ville encore,
de jeunes professeurs, que vous connaissez
tous, n'avaient pas attendu l'Affaire pour
fonder une Société d'Enseignement populaire

qui, par les livres qu'elle a inspirés à l'un
de ses organisateurs [1], a servi de modèle à la
plupart de celles que l'on fonde en ce moment.
Mais ce qu'il y a de nouveau, c'est que ces
efforts isolés se multiplient, s'additionnent,
se combinent en un effort collectif. Partout
l'union des intellectuels et des manuels se
solidifie, se cristallise en associations durables : ici c'est une coopérative, là un patro-
nage, là un ouvroir laïque, partout des universités populaires. Si bien qu'à l'heure où
nous parlons, à l'heure où toutes ces Associations allument leur lanterne, on percevrait,
en se penchant sur la terre de France, comme
une rumeur confuse, un piétinement d'activité, un bourdonnement joyeux de bonnes
volontés qui se cherchent ; c'est la IXe Sym-
phonie qui commence, c'est un hymne à la
liberté qui prélude, c'est l'armée des intellectuels qui s'ébranle pour venir bientôt,
tambours battants et enseignes déployées,
opérer sa jonction avec l'armée des manuels.

*
* *

De cette jonction, que peut-il résulter d'heureux pour l'une et l'autre armée ?

1. P. Crouzet, *Littérature et Conférences populaires.* —
L'Éducation populaire et le Peuple.

Et d'abord, quel avantage y trouveront les intellectuels? — Puisque ce côté de la question est le plus souvent laissé dans l'ombre, je veux d'abord le mettre en lumière. On nous décerne quelquefois, en effet, des compliments qui nous agacent. On loue notre dévouement, notre générosité, un peu plus on dirait : notre condescendance. Comme si, dans ces unions, nous avions tout à donner, rien à recevoir! C'est une erreur totale. Et si je le déclare, ce n'est pas une concession verbale ou une flatterie adroite. Laissons les mensonges et les platitudes aux politiciens. Si je parle ainsi, c'est sous la dictée de l'expérience. Tous ceux qui, comme nous, ont déjà mis la main à la pâte, connaissent les profits de notre nouveau métier.

Et je ne parle pas seulement des plaisirs qu'il nous réserve. Ils sont vifs et variés. C'est un plaisir, dans ces nouveaux « chez nous », qui sont nos salles de réunions, de voir des figures nouvelles plus rudes, mais plus franches, de toucher de nouvelles âmes, plus frustes, mais plus fraîches, et moins dénaturées par les conventions. Surtout, lorsque nous pouvons aider ces âmes à se délivrer des servitudes intellectuelles et à monter vers la lumière, nous sommes heureux. Des vœux, bien souvent formulés en vain, sont réalisés. Nous pouvons enfin décupler, en les partageant, ces joies que nous donnait la lecture d'une belle page, sonore et pleine, ou l'intelligence d'une théorie féconde. Les choses les plus vieilles prendront pour nous, lorsque nous les expliquerons à d'autres, un charme imprévu. Ce sera un renouveau pour notre esprit que de refaire, étapes par étapes, les chemins parcourus : sans y perdre les privilèges de la réflexion, il y regagnera ceux de la naïveté. Oui, de ces courses dans le peuple, comme d'une course en montagne, nous reviendrons plus allègres, plus légers, rapportant un butin parfumé de souvenirs et de rêves.

Mais nous en rapporterons des fruits, mêlés aux fleurs. Nous y trouverons profit en même temps que plaisir. Notre activité sociale pourra heureusement corriger plus d'une influence néfaste de notre métier même.

Il ne faudrait pas croire en effet que la division du travail, avec la spécialisation qu'elle entraîne, soit funeste aux seuls travailleurs manuels. Si elle fait souffrir les manuels en les empêchant de cultiver leur esprit comme ils le voudraient, inversement elle peut faire souffrir les intellectuels en les confinant dans la culture de l'esprit. A vivre perpétuellement dans ce monde d'idées, de « types » et de « lois » qui est celui de la science, on ressent à la longue un malaise vague, un vertige, un refroidissement qui peut aller jusqu'à arrêter le cœur et paralyser la volonté. Dans l'immobilité d'un travail intellectuel intensif, ce n'est pas seulement le corps, c'est toute une partie de l'âme qui s'atrophie. Michelet, qui s'y connaissait, puisqu'il avait été un manuel avant d'être un intellectuel, écrivait en 1848 : « Une éducation tellement artificielle, qui subtilise en nous l'esprit, aux dépens des facultés actives, fait de chacun de nous une moitié d'homme, moitié spéculative qui, pour faire l'homme complet, attend l'autre moitié, la moitié d'instinct et d'action. Le divorce social, qui fait deux nations d'une seule, et les rend toutes deux stériles, il apparaît dans l'incomplet, dans l'impuissance de toute âme et de tout esprit. » M. Lavisse, qui cite ce passage[1], ajoute : « Chaque fois que je relis ces paroles, j'admire que ce regard de génie soit allé découvrir, au fin fond de nous-mêmes, la raison de notre secrète souffrance. »

De cette mutilation naissent, en effet, on ne sait quelles mélancolies latentes, des désenchantements, des incertitudes. Une vie trop abstraite est peut-être, ainsi, l'une des causes de ce vague pessimisme vers lequel un mo-

---

1. Dans une conférence aux étudiants de l'Université de Paris, publiée par la *Revue de Paris*, du 15 janvier 1899, mise en préface à l'édition nouvelle de *l'Etudiant* de Michelet.

ment, — la littérature en fait foi, — notre génération avait paru verser.

Nous savons maintenant comment la remettre en selle et lui rendre l'équilibre. Si la jeunesse vient se plaindre à nous, — comme elle se plaignait, il y a quelques années, par la bouche du Président de l'Association des étudiants de Paris — d'être moralement abandonnée, de ne savoir que croire, de ne savoir que faire, nous lui dirons : Allez au peuple, et, en cherchant à faire le salut des autres, vous ferez le vôtre d'abord. Les souffles puissants de la démocratie balaieront vos fantômes ; et votre âme se retrempera, en même temps qu'elle se rafraîchira à ses vagues tumultueuses. Vous trouverez. chez les ouvriers, des souffrances plus réelles que les vôtres, plus courageusement supportées, plus fraternellement partagées ; vous verrez à l'œuvre tout un essaim de vertus spontanées qui vous rendront, si c'est nécessaire, le sens et le goût de l'action.

M. Barrès avait donc raison : les intellectuels ont parfois besoin d'un « professeur d'énergie ». Mais savez-vous quel professeur il leur choisissait ? — Napoléon. Quelle sinistre plaisanterie ! Laissons nos jeunes nationalistes, ivres de césarisme, chausser comme ils pourront les bottes du conquérant. Pour moi, j'aime mieux... j'aime mieux un cantonnier de mes

amis, dont j'ai fait la connaissance pendant
l'Affaire. Il est « brave », comme on dit là-
bas, dans tous les sens du mot ; ouvrier plein
d'entrain, père de famille courageux, pro-
pagandiste ardent pour toutes les œuvres qui
doivent améliorer le sort du prolétariat, lui
du moins n'a fait de mal à personne ; et si
j'interroge ses yeux décidés, ce ne sont pas des
images de guerre que j'y trouve, des champs
dévastés, des villes ruinées, des cadavres
amoncelés, mais bien plutôt des images de
paix, les heureuses moissons de l'avenir, avec
leurs moissonneurs émancipés enfin. Voilà
nos vrais professeurs d'énergie : c'est le peuple
qui nous les fournira.

Son contact ne rendra pas seulement les
volontés plus fermes ; il peut rendre encore
les intelligences plus larges, et les aider,
ainsi, jusque dans leur tâche scientifique. Si
nous voulons comprendre la réalité sociale,
faire son histoire, dégager ses lois, ne sera-
t-il pas bon de l'avoir connue directement
et, comme on dit aujourd'hui, de l'avoir
« vécue » ? Vous savez combien l'histoire
de l'humanité a été jusqu'ici superficielle. Il
semble qu'on n'y voyait que jeux de princes,
aventures de conquérants, intrigues de cour-
tisans. L'histoire restait, le plus souvent,
comme à fleur de peau. C'est peut-être que
ceux qui l'écrivaient n'étaient pas descendus

jusqu'aux couches souterraines où réside toute
chaleur sociale. C'est de ces profondeurs que
tout part; c'est à ces profondeurs que tout
revient; et il faut les avoir traversées, pour
tout comprendre. Je citais tout à l'heure
Michelet : sa supériorité d'historien, ne la
devait-il pas en partie à ce que, comme il le
rappelle lui-même, il a « composé » des placards
avant de composer des livres? N'est-ce pas
parce qu'il est né du peuple qu'il eut le don
de le ressusciter[1]? Nous ne pouvons revivre
le passé que dans la   mesure où nous avons

1. Cf. dans *le Peuple* (édition des *Œuvres complètes*) prin-
cipalement l'introduction des chapitres ii et vii. On se sou-
vient des belles pages dans lesquelles Michelet appelle le
futur historien du peuple, qui sortira du peuple (p. 121-122) :

« A nous donc, les jeunes et les forts. Venez, les travailleurs, nous vous ouvrons les bras. Rapportez-nous une
chaleur nouvelle ; que le monde, que la vie, que la science
recommencent encore.

Pour ma part, j'espère bien que ma science, ma chère
étude, l'histoire, ira se ravivant à cette vie populaire et
deviendra par ces nouveaux venus la chose grande et salutaire que j'avais rêvée. Du peuple sortira l'historien du
peuple...

A toi, jeune homme, à toi reviennent les dons qui m'ont
manqué. Fils du peuple, t'étant moins éloigné de lui, tu
arriveras tout d'abord sur le terrain de son histoire avec
sa force colossale et son inépuisable sève ; mes ruisseaux
viendront d'eux-mêmes se perdre dans tes torrents.

Je te donne tout ce que j'ai fait... Toi, tu me donneras
l'oubli. Puisse mon *Histoire* imparfaite s'absorber dans un
monument plus digne, où s'accordent mieux la science et
l'inspiration, où parmi les vastes et pénétrantes recherches,
on sente partout le souffle des grandes foules et l'âme
féconde du peuple! »

vécu le présent. Et c'est pourquoi plus nous aurons d'expérience sociale, plus aussi nous aurons d'intelligence historique.

Ainsi, lorsque nous quittons notre travail habituel pour passer notre soirée dans les faubourgs; il ne faut pas dire que notre soirée est perdue, même pour notre travail ; car nous ramènerons avec nous une compagne invisible, dont nous pourrons utilement prendre conseil : c'est l'âme même des foules qui planera, pour la féconder, sur notre solitude.

Une intelligence ainsi enrichie ne sera pas mieux préparée seulement pour la compréhension du passé, mais pour la réforme du présent. Il faut s'en rendre compte, en effet ; si nous sommes trop souvent des réformateurs timides, ou vite lassés, l'étroitesse de notre milieu en est, pour une part, responsable. Par exemple, une législation est proposée pour les accidents du travail. Nous connaissons surtout des patrons, nous sommes amis, parents peut-être d'industriels. Ceux-ci nous montrent leurs livres, nous font comprendre que la législation proposée troublerait tout dans leurs entreprises, les forcerait à changer leurs habitudes, tendrait à bouleverser tout le système commercial. De ces conversations nous emportons le sentiment qu'une pareille législation est sans doute bien dangereuse, bien imprudente. Suppo-

sez maintenant que notre cercle de « relations » se soit étendu ou déplacé; qu'elles ne
soient plus toutes mondaines, mais populaires,
et qu'un de nos nouveaux amis soit victime d'un
accident du travail. Il a les jambes broyées ;
on nous appelle à son chevet; nous souffrons
avec lui; nous sentons comme un choc en
retour, le contre-coup de la détresse qui
s'abat, ainsi, subitement, sur lui et sur les
siens. N'est-il pas vrai que cette impression
concrète fera faire des pas immenses, des
bonds inattendus à notre réflexion ? Nous
aurons touché du doigt les plaies saignantes
du corps prolétarien; nous ressentirons jusqu'au plus profond de l'âme la nécessité de
corriger une organisation qui passe sur le
corps de ses ouvriers sans s'arrêter à leurs
cris, qui les traite enfin comme des choses,
et non pas comme des hommes[1].

Et entendez-moi bien : je ne veux pas vous
dire par là que tous les intellectuels vont
devenir, du jour au lendemain, des « socialistes », au sens étroit du mot. Nous n'avons
pas l'habitude des conversions collectives et
irraisonnées. Il y faudrait une opération du
Saint-Esprit qui n'est plus de notre temps. Si
un intellectuel venait me dire qu'il est con-

---

1. Des « expériences » de ce genre expliquent la résolu-
tion récente de l'*Union démocratique*, à propos de la réduc-
tion des heures de travail.

verti au socialisme, et si sa conversion s'ex-
pliquait en dernière analyse par le raison-
nement suivant : « Dreyfus est innocent,
donc le collectivisme est le vrai», je me défie-
rais de ce néophyte. Il ne sera sans doute pas
un vrai socialiste, pas plus qu'il n'était sans
doute un vrai intellectuel. Car l'intellectuel se reconnaît à sa liberté d'esprit; il
n'optera pour une théorie qu'en connaissance
de cause, après mûr examen. C'est pourquoi
je dirai que, par exemple, il n'est pas sûr pour
nous, dès à présent, que la philosophie de
l'histoire matérialiste soit exacte, et que les
formes de la pensée soient déterminées par
les formes de la production. Il n'est pas sûr
pour nous que, dans tous les ordres d'entreprises, les capitaux se concentrent dans
quelques mains, qu'il sera bientôt aisé et légitime de déposséder. Il n'est pas sûr pour
nous que cette expropriation totale soit le
meilleur moyen de faire bonne justice à tous.
Pour opter rationnellement entre les solutions
de la question sociale, il faut un nombre
considérable de renseignements historiques
et statistiques, de comparaisons méthodiques.
Ce que nous pouvons affirmer dès à présent
c'est que, ces recherches nécessaires, nous
les poursuivrons avec patience et avec passion, avec conscience et avec amour, aiguil-
lonnés par le désir d'être soulagés enfin de

« la dure inégalité » ; ne perdant pas de vue
l'étoile qui nous a guidés dès le début de
l'Affaire, fidèles enfin à l'esprit qui nous a
lancés à votre rencontre, l'esprit de justice et
d'humanité.

M. Barrès, déjà nommé, citait l'autre jour
avec enthousiasme, avec orgueil, une lettre
d'un « intellectuel nationaliste[1] ». Je vous
demande la permission de vous en lire
quelques passages ; elle me permettra de
définir, par opposition, l'esprit des intellectuels révisionnistes. M. Jules Soury, savant
estimé (le même qui, discutant avec M. Brunetière, prenait les oiseaux pour des mammi-
fères) s'étonne donc que la jeunesse ait manqué de nerf, qu'elle n'ait pas su flétrir avec
assez d'énergie Dreyfus et les dreyfusards.
« C'est que ces jeunes gens, écrit-il, n'ont
connu ni la forte culture classique de leurs
aînés, ni notre mépris des races inférieures, ni
notre haine des bas instincts du socialisme.
Ce sont des laïques, au sens où nous entendons ce mot, nous autres clercs, maîtres et
docteurs de l'Université, qui étions d'Eglise au
xiii° siècle... » Et plus loin : « Les doctrines
importent peu. Ce qui importe, c'est la règle
de vie, la discipline des âmes, le renoncement
au monde, l'éloignement du vulgaire, le culte

1. Dans *le Journal* du 21 octobre 1899.

et l'adoration perpétuelle de l'honneur, de l'honneur de caste et de nation ». Eh bien ! citoyens, nous pourrions, pour marquer notre attitude, retourner presque toutes ces propositions. « Laïques », oui, nous voulons l'être, dans tous les sens du mot, et nous espérons bien faire rentrer tous les dogmes dans leurs Eglises, avec le cortège des intolérances qui les exploitent. Vivre « dans les cloîtres? » Non pas, mais « dans le siècle », en effet, pour nous mieux pénétrer de ses tendances profondes. Bien loin de nous en éloigner avec hauteur, nous voulons nous rapprocher intimement du peuple pour qu'il nous communique son ardeur et sa vitalité. Ses efforts pour s'organiser et s'émanciper, nous les tiendrons non pour de « bas instincts », mais pour les plus nobles des ambitions. Et nous ne confondrons pas, enfin, l'honneur de nation avec l'honneur de caste ; au contraire, se dégager, se purifier de toutes les espèces d'injustices qui tiennent à toutes les formes de castes, ce serait là précisément, selon nous, l'honneur de la nation française.

Telles sont les positions des « intellectuels ». Tels sont les principes d'action auxquels ils obéiront sans fléchir, dociles à ce mouvement élargissant de l'esprit et du cœur qui a été, pour eux, le bénéfice de leur campagne.

*
* *

Je me suis appliqué à mettre ce bénéfice en évidence. J'ai analysé les avantages que les travailleurs intellectuels pouvaient retirer de leur union avec des travailleurs manuels. Mais ne croyez pas que je veuille insinuer que ceux-ci, à leur tour, n'ont rien à gagner à cette union. Je vois avec la même clarté, et je vous détaillerai avec la même franchise, les bénéfices des manuels.

Et d'abord, pour eux aussi, cette union peut être une source de joies nouvelles, ou du moins de joies encore trop rares, — la joie d'apprendre, la joie de comprendre, la joie de penser par soi-même. Joies vives, joies profondes, nous le savons par expérience, pour ceux-là qui en ont été trop longtemps sevrés. Bien souvent, lorsque nous avons lu et commenté une page de Hugo ou de Daudet, ou expliqué l'action des microbes, nous avons vu la figure de nos auditeurs s'éclairer et comme se transfigurer à la révélation du Beau et du Vrai. Comme le colosse de Memnon aux premiers rayons du soleil, l'âme populaire frémit et résonne harmonieusement aux premiers rayons de la science.

Les joies que nous lui offrons ainsi ne sont pas seulement vives ; elles sont pures, et l'on peut justement espérer qu'elles purifieront, s'il en est besoin, les âmes qu'elles auront pénétrées. Un clou chasse l'autre, dit-on. Ainsi pouvons-nous compter . qu'une joie chassera l'autre, que ces nobles plaisirs aviliront les plaisirs bas, que l'ivresse idéale fera rougir de l'ivresse brutale.

Trop souvent en effet, il faut le dire franchement, ceux qui vont chercher le peuple le trouvent au cabaret, et ont de la peine à l'en faire sortir. Combien d'ouvriers s'abandonnent ainsi ! Leur journée trop longue les déprime, hélas ! leur soirée les déprimera davantage encore ; à l'abrutissement de l'effort excessif, ils ajouteront l'abrutissement des plaisirs trop faciles. On dit quelquefois, en manière de justification, que cela « empêche de penser ». Eh oui, c'est précisément ce que nous reprochons à ces plaisirs : ils empêchent de penser, ils tuent en l'homme ce qui fait l'homme. Si le prolétariat s'asservit à ces plaisirs-là, c'en est fait de son avenir ; il ne sera bientôt plus qu'une masse amorphe et inerte ; aucune force humaine ne pourra plus le soulever, aucun ferment l'organiser. Ce qu'il y a de plus grave, c'est que ceux-là même qui pensent à l'avenir et relèvent la tête pour en appeler à une société plus juste, ceux-là se croient souvent obligés, si je puis dire, de ne plus s'imposer à eux-mêmes aucune espèce de contrainte; dans leur effort pour se dégager des servitudes traditionnelles, on dirait qu'ils ont fait vœu de ne rien respecter, pas même leur propre personne; en s'abandonnant à tous leurs instincts, ils croient se décerner comme un brevet d'indépendance, et prouver qu'ils sont des hommes libres.

On voit ici en quoi pourrait être profitable la fréquentation des intellectuels, des meilleurs d'entre eux, de ceux qui remplissent avec conscience leur fonction propre et font avancer la science. Si vous collaborez avec eux, si vous allez avec eux dans les faubourgs, dans les campagnes, faire de la propagande républicaine, vous serez étonnés peut-être de les voir refuser avec énergie « d'avaler une fine » ou « d'étouffer un perroquet ». Si vous les interrogez, ils vous diront sans doute qu'ils agissent ainsi par principe, qu'ils connaissent expérimentalement les effets de l'alcoolisme, que le tord-boyaux est aussi un tord-cerveaux, qu'il leur enlèverait la netteté des idées, la fermeté de l'attention qui est nécessaire pour l'accomplissement de leur fonction, qu'il diminuerait, en un mot, leur valeur sociale en même temps que leur dignité d'homme... Ce qui est vrai des tra-

vailleurs intellectuels est vrai des travailleurs
manuels. Eux aussi perdent, par l'alcool, leur
valeur sociale, en même temps que leur dignité d'homme. Et je dis que, par l'alcool, ils
deviennent de moins en moins capables de
remplir leur devoir envers leur classe. Pour
mener la bonne lutte, il faut être fort, sain
de corps et d'esprit. L'indépendance morale
n'est nullement liée au débridement des appétits, au contraire. Une très bonne condition
pour se faire respecter des autres est de se respecter soi-même. L'ouvrier qui est maître de
lui accroît, en même temps que le prestige, la
force sociale de la classe ouvrière. En deux
mots comme en cent : Le travailleur qui se
laisse abrutir par l'absinthe travaille pour
la réaction, — le travailleur qui se laisse
ennoblir par l'idée travaille pour l'émancipation.

De même donc que, par le contact des manuels, la volonté de beaucoup d'intellectuels
peut être heureusement affermie, ainsi, par
le contact des intellectuels, la volonté de
beaucoup de manuels peut être heureusement rectifiée.

Les profits qu'en peut retirer leur intelligence sont plus évidents encore. Parmi les
idées dont il faut beaucoup attendre, si l'action des intellectuels réussit à les implanter
au cœur même de la démocratie, il faut

mettre au premier rang l'idée de la science, de ce qui lui est dû, de ce qu'il faut faire pour elle, de ce qu'on peut faire par elle.

Ici encore nous continuons de nous opposer nettement à ceux qui, dans l'Affaire, ont pris parti contre nous. Lorsqu'ils déprécient la science, les nationalistes sont logiques. Ils ont fait appel, d'un bout à l'autre de l'Affaire, à la méthode d'autorité, ils nous ont invités à croire sur parole et même au commandement ; ils nous ont enjoint ·de nous incliner devant les mystères de l'état-major. Il est donc naturel que, d'une manière plus générale, ils préfèrent, à l'esprit critique, les sentiments « irraisonnés » ou « irrationnels », les sympathies ou les répulsions « inexplicables », les instincts « sous-jacents ». Dans la mesure de leurs moyens, ils jetteront le discrédit sur l'ambition de la science. Ils insisteront sur la nécessité de croire. Et plus ils seront sceptiques, plus ils souhaiteront que le peuple soit croyant : c'est plus commode. Peuple, agenouillez-vous, fermez les yeux, ouvrez la bouche, afin qu'on vous fasse avaler ces bonnes traditions calmantes qui endorment les nerfs des prolétaires, et permettent aux possédants de dormir tranquilles : tel est le vœu secret du nationalisme. ·

Nous ne mangeons pas de ce pain-là. Ce n'est pas sans raison que notre parti a pris la lumière pour symbole. A la politique prudente de l'éteignoir, qui plonge le monde social dans la nuit, nous préférons la politique ardente du flambeau qui, agité toujours plus haut, rayonne toujours plus loin. La science ne sait pas et ne peut pas tout, certes, mais tout ce que sait et peut l'humanité civilisée, elle le doit à la science. Et c'est pourquoi nous croyons de notre devoir d'initier à la science le plus grand nombre possible d'êtres humains. Nous continuerons donc d'apprendre au peuple à la respecter et à l'aimer, comme elle veut être respectée et aimée, en esprit et en vérité. Par nos conférences de physique, de chimie, d'histoire naturelle, nous essaierons de démonter devant lui le mécanisme de la connaissance, d'analyser les conditions, les causes de la science. Par l'histoire et par la philosophie, nous énumérerons ses effets. On verra ainsi que tout progrès de la science entraîne, directement ou indirectement, un progrès social ; que, en accroissant la somme des vérités démontrées, elle accroissait aussi la somme des libertés garanties ; qu'enfin parce qu'elle fournissait à l'esprit et les meilleurs arguments contre l'invasion du surnaturel, et les meilleurs instruments pour la conquête de la nature, la science a vraiment été l'émancipatrice en même temps que l'éducatrice de l'humanité.

Si le prolétariat tout entier se pénètre de cette idée, et comprend pleinement cet enseignement du passé, on peut en attendre, pour l'avenir, les plus heureux résultats. On peut espérer, en effet, que le prolétariat encouragera, aidera, poussera la science à cette œuvre si nécessaire : la connaissance méthodique des sociétés humaines. Car telle est, peut-on dire, la leçon du XIX° siècle : les questions sociales ne pourront être résolues sans l'aide de la science. C'est cette conviction qui distingue nos réformateurs de ceux du XVIII° siècle, par exemple ; après tant d'expériences, de tâtonnements et d'avortements, on se rend compte que les sociétés ne sont pas des choses artificielles que l'on peut reforger à volonté et au hasard ; mais qu'elles sont des choses naturelles en même temps que des choses humaines ; et que, par suite, pour réformer durablement leur constitution, il faut connaître leur nature. C'est en connaissant les lois du monde physique que l'esprit humain triomphe de ses nécessités ; c'est en connaissant les lois du monde social qu'il le fera obéir aux exigences mêmes de la conscience. Appliquée à la nature, la science a commencé l'émancipation partielle ; il faudra qu'elle s'applique aux sociétés pour achever l'émancipation totale. Si la masse des travailleurs manuels le comprend, elle voudra aider de toutes ses forces à ce travail immense. Lorsque, par exemple, on lui demandera, pour l'*Office du travail*, pour le *Musée social*, des renseignements statistiques, sur les chômages, sur les accidents, sur les grèves, elle donnera ces chiffres sérieusement, consciencieusement, sachant bien que si on les lui demande, ce n'est pas pour le simple plaisir de jongler avec, c'est pour essayer d'en tirer des conclusions utiles à l'humanité future. Ainsi le peuple lui-même hâtera, pour sa part, l'heure de ce grand spectacle, finale de tant d'efforts, prélude de tant de réformes : l'humanité se repliant pour ainsi dire sur elle-même, et, comme un malade qui est médecin, s'observant méthodiquement pour se soigner, enfin, rationnellement.

* *

Telles sont les larges perspectives auxquelles nous arrivons, lorsque nous suivons les conséquences possibles de l'union des intellectuels avec les manuels. En indiquant ces conséquences, j'ai essayé de vous montrer que cette conjonction ne devait être inutile ni à l'une ni à l'autre armée. Les uns et les autres, les uns par les autres nous pouvons

enrichir notre sensibilité, affermir notre volonté, élargir notre intelligence, et préparer
ainsi, ensemble, l'avènement d'une société
meilleure.

Si en effet nos deux flammes, — faites du
même feu, le feu actif, le feu artiste qui ali-
mente le monde et façonne les produits maté-
riels ou spirituels qui sont nécessaires à sa
vie, — si ces deux flammes se rapprochent,
convergent et se fondent, quel prodigieux
dégagement de chaleur et de lumière ! et
comment l'avenir n'en serait-il pas éclairé !
En ce sens, si notre union est durable, et si
elle enfante des œuvres bien constituées,
nous aurons le droit de dire que la malheu-
reuse Affaire a eu d'heureux résultats : elle
n'aura été que le prélude tragique d'une révolution pacifique qui, pour n'être pas ensan-
glantée, n'en serait pas moins féconde.

Elle sera féconde, citoyens, si elle reste
fidèle à l'esprit qui lui a donné naissance et
qui a présidé à notre association, l'esprit de
justice, d'égalité, d'humanité. Un homme
avait été condamné illégalement et injuste-
ment ; cet homme était un officier, juif et
millionnaire ; travailleurs intellectuels et
manuels, nous ne lui avons demandé ni sa
race, ni sa classe, ni sa confession ; nous avons
conspiré pour le sauver, nous souvenant
seulement qu'il était un homme. Voilà le cas

typique et si l'on peut dire, symbolique qu'il
nous faut conserver sous les yeux pour continuer à lutter ensemble « pour toutes les victimes contre tous les bourreaux[1] ». Prolon-
geons hardiment ce sillon de justice que nous
avons entamé ; nous pouvons être sûrs d'y
faire bientôt une superbe moisson d'âmes.
Car si celui qui sème l'esprit de caste récolte
nécessairement la haine, celui qui sème
l'esprit d'humanité récolte légitimement
l'amour.

1. Voici comment M. Fournière, s'adressant aux socialistes, exprime cette idée (*Revue socialiste*, octobre 1899,
p. 389) :

« Sans méconnaître que la transformation économique
sera un puissant agent de transformation des autres phénomènes de la vie individuelle et sociale, nous devons bien
nous pénétrer de cette vérité essentielle qu'à poursuivre
actuellement l'œuvre de justice sur un plan unilatéral, à
ne vouloir que la justice économique, et à l'isoler de ses
conditions politiques et morales, nous aboutirions à la
ruine de notre idéal. Ce serait pour l'avoir limité que nous
l'aurions perdu. Elargissons-le donc ; faisons nôtres tous
les efforts d'action et de pensée qui tendent isolément à
augmenter notre savoir et notre pouvoir individuels ; réu-
nissons ces efforts et combinons-les avec ceux que nous
accomplisson pour la libération économique ; soyons avec
la libre pensée contre les religions, avec la science contre
les routines, avec la femme et avec l'enfant contre les
derniers vestiges de l'oppression familiale, avec les hommes
de liberté contre les hommes d'autorité, avec les hommes
de paix contre les hommes de guerre, avec les victimes
contre les bourreaux. Soyons, en un mot, le monde de
demain. Annonçons-le dans toutes les manifestations
d'aujourd'hui, et sachons bien surtout qu'il ne se créera
pas de lui-même, sans nous et en dehors de nous, mais
par la puissance obstinée de nos volontés et de nos actes. »

Pour nous, membres de la ligue « française » pour la défense des droits de l'homme et du citoyen, nous poursuivrons le sillon avec d'autant plus de fermeté qu'il nous paraît tracé par la tradition même de notre nation. Les nationalistes vous disent : « Prenez garde. Tout ce qui se fait contre le Catholicisme se fait contre la France! » A quoi nous répondons, l'histoire du siècle en main : « Vous ne vous trompez que d'un mot. C'est ce qui se fait contre la Révolution qui se fait contre la France. » Défendre les droits de l'homme, c'est travailler à la conservation d'une tradition respectée en même temps qu'à l'émancipation des classes déshéritées : c'est lutter pour la France en même temps que pour l'humanité.

CIVILISATION ET DÉMOCRATIE

PLAIDOYER POUR L'ENSEIGNEMENT POPULAIRE [1]

Mesdames, Messieurs,

Pour la plupart, ici, nous sommes des privilégiés, privilégiés de la situation, de l'éducation, de la fortune. C'est auprès des classes privilégiées que je veux plaider, ce soir, la cause d'un enseignement qui prétend s'adresser aux classes déshéritées.

J'appelle déshérités ceux qui, obligés de travailler toute leur vie pour vivre, n'ont pas les loisirs nécessaires pour prendre leur part du patrimoine humain, pour goûter à ces joies de l'esprit qui font la beauté de la vie. Ils m'apparaissent comme les Cariatides du monde social : ployés sous la pesée de la civilisation matérielle, œuvre de l'industrie et de ses machines, ils ne peuvent tourner la tête, lever les yeux vers le ciel lumineux de

1. Conférence prononcée à Montpellier, le 6 novembre 1899.

la civilisation spirituelle où se meuvent les arts, les sciences, les philosophies, toutes les filles divines de la pensée humaine.

C'est pour remédier à cette situation, c'est pour redresser ce tort que se sont constituées les œuvres de l'enseignement populaire. Vous connaissez ces œuvres ; on en parle heureusement beaucoup, depuis quelque temps. Vous savez qu'en Angleterre, depuis longtemps déjà, fonctionne « l'Extension Universitaire » ; il m'a été donné de visiter, dans un des quartiers les plus laids et les plus misérables de Londres, une des plus belles maisons qui soient au monde : chaque soir, des étudiants y viennent partager, avec des ouvriers, la science qu'ils ont déjà acquise. En Belgique, spectacle plus beau encore, ce sont les « Maisons du peuple » qui s'élèvent, par le miracle de la coopération ; là le peuple est, comme il dit, « dans ses meubles », et c'est chez lui qu'il prie les artistes de lui faire admirer leurs œuvres. En France, enfin, on n'est pas resté inactif ; grâce surtout à l'initiative entêtée d'un ouvrier, Deherme, une vraie « Université populaire » est debout, en plein faubourg Saint-Antoine. La province travaillait de son côté : à Lyon, à Lille, à Toulouse, à Rennes, à Nîmes, partout des Sociétés d'Enseignement allument leurs flambeaux le soir, pour attirer les âmes. — Dans ce grand mouvement, quelle a été la place de Montpellier?

Dès l'an dernier des étudiants, — car je tiens à le dire à l'honneur de notre jeunesse, ce sont des étudiants, ici, qui ont pris l'initiative, — allaient à la Bourse du Travail, où ils avaient des salles toutes prêtes, et des auditeurs tout trouvés, faire quelques conférences. Bientôt ils s'adjoignirent quelques amis, quelques professeurs; on demanda que les salles d'école nous fussent ouvertes, le soir; et c'est ainsi que, depuis l'hiver dernier, dans les différents quartiers de la ville, nous avons donné une trentaine de conférences et de lectures. C'est cette œuvre que nous voulons, cette année, reprendre et développer: avoir un « chez nous », passer du régime nomade au régime sédentaire, ajouter à nos conférences des exhibitions de gravures et des auditions musicales, installer une bibliothèque ouverte tous les soirs, jeter enfin les fondements de la future « Maison du peuple » de Montpellier, voilà les vastes projets auxquels je veux vous associer, en faveur desquels je veux « plaider » ce soir.

« Mais, me direz-vous, pourquoi plaider? Pourquoi vous débattre contre un réquisitoire qui n'a pas été prononcé? Qui vous blâme? Votre œuvre est belle, noble, généreuse. C'est entendu. Continuez. »

Nous sommes heureux, Messieurs, mais
nous ne nous contentons pas de ces approba-
tions qu'on nous donne en passant. Il nous
faut davantage ; nous ne voulons pas seulement l'adhésion de la bouche, mais l'adhésion du cœur. Pour que cette œuvre fleurisse
et fructifie, il faut qu'elle soit comme im-
plantée au cœur de la ville, soutenue,
sauvegardée, choyée par tous les citoyens.
Il faut, en conséquence, que toutes les objections plus ou moins vagues qu'on pourrait
nous adresser soient précisées, afin d'être dis-
sipées. Vous connaissez ces arguments incer-
tains, ces hésitations, ces restrictions qui ne
se formulent pas, mais qui pourtant, en s'ac-
cumulant, enrayent une entreprise, et brisent
son élan : ce sont tous ces fantômes que je
veux forcer à prendre corps, afin de pouvoir
les combattre corps à corps.

Prêtons donc l'oreille aux voix fâcheuses.
J'en discerne trois : la voix des dilettantes, celle
des intransigeants, celle des timorés. Et les
uns diront : « Ce que vous voulez faire là,
ce sera ennuyeux. » Et les autres : « Ce sera
inutile » et les derniers : « Ce sera dangereux. »
Et toutes ces voix, sans doute, s'entendraient
pour conclure en un accord parfait : « En
somme, c'est naïf. »

.

Notre œuvre doit-elle donc être fatalement
ennuyeuse ? — Mais d'abord elle ne nous
ennuie pas du tout, pour notre part. Elle nous
procure même des plaisirs nouveaux et variés.
Par exemple, elle nous donne une occasion
de voir du pays, de sortir de notre monde ;
et ce n'est pas un résultat à dédaigner. Le
monde ! Ce mot, qui ne devrait éveiller
qu'idées vastes et larges, n'ai-je pas le droit
de dire que bien souvent il peut nous rappeler
nombre de petitesses et d'étroitesses ? En
arrivant dans une certaine ville, je demandai
s'il fallait aller faire visite à tel fonctionnaire ;
on me répondit : « C'est inutile ; il n'est que
du septième monde. » Trop souvent, ainsi,
les conventions sociales nous divisent en
mondes, fermés les uns aux autres, et où l'on
étouffe un peu, parce qu'on y respire toujours le même air. N'est-ce pas une vraie joie
que de briser ces cadres, de bondir par dessus
toutes ces conventions pour aller chercher, à
l'extrémité de la société, ceux dont nous
sommes trop souvent séparés, les travailleurs
manuels ?

Nous réaliserons ainsi des vœux bien

souvent formulés en vain, dans le secret
de leur cœur, par ceux-là mêmes qui sont
« arrivés », qui ont une « situation », et qui
regrettent de passer désormais leur vie, on
ne sait pourquoi ni comment, à l'écart de ce
peuple dont parfois ils sont sortis. Par-dessus
toutes les barrières, nous jetons hardiment
le pont ; et à ceux qui le franchiront avec
nous, ce n'est pas de l'ennui, c'est un plaisir
tout neuf que nous promettons : le plaisir
de se créer des amis nouveaux, dans des
terres malheureusement trop peu connues.

D'ailleurs, nos plaisirs ne tiendront pas
seulement aux hommes nouveaux que nous
rencontrerons ; ils tiendront encore à la nature
des choses que nous porterons devant nous,
comme autant de présents royaux, dans ces
visites au peuple. Car ce seront les sympho-
nies, les tableaux, les découvertes scientifiques, les théories philosophiques, tout ce
que l'esprit humain a produit de plus bril-
lant et de plus solide ; c'est dans l'admiration de ces belles choses que nous voulons
communier avec nos auditeurs. Par là encore
nous répondrons à bien des vœux inexaucés.
Combien de fois, dans la paix du laboratoire
ou de la bibliothèque, lorsque nous jouissons
de la fécondité imprévue d'une découverte, de
l'ordonnance d'un système ou de la sonorité
et de la plénitude d'une strophe, combien de

fois ne regrettons-nous pas de ne pouvoir multiplier notre jouissance en la faisant partager ! Dans ses *Vers d'un philosophe*, Guyau a dit : « Lorsque je sens le beau, je voudrais être deux. » Et le vers n'est pas très bon, mais l'intention est excellente, et l'impression très juste. Nous l'avons tous éprouvée. Lorsque vous gravissez seul quelqu'une de nos montagnes — l'Aigual, le Mont-Lozère, le Canigou — à mesure que la plaine se déroule et s'élargit sous vos yeux, ne vous est-il pas arrivé de vous retourner instinctivement, de chercher un compagnon pour lui serrer le bras et pour lui dire : « Regarde, regarde donc comme la terre est belle et que ses aspects sont variés et saisissants ! » Ainsi, lorsque nous aurons aidé un de nos frères à escalader ces sommets de la pensée humaine d'où se découvrent des horizons si larges, ce sera pour nous un bonheur sans prix que de pouvoir le prendre par le bras et lui dire : « Regarde, regarde donc comme l'humanité est grande, et qu'elles sont nombreuses et variées les œuvres qu'elle a laissées pour toi ! »

Ces joies, ce n'est pas seulement en pensant à ceux que nous instruirons que nous les éprouverons ; c'est encore en pensant à ceux que nous ferons connaître. N'est-ce pas une pitié, en effet, que le silence et l'inertie où on laisse s'immobiliser tant de grands hommes ?

On dit quelquefois que leurs œuvres « dorment »
dans les bibliothèques. Elles y dorment en
effet ; et j'imagine parfois que, dans leur som-
meil douloureux, elles doivent attendre avec
impatience l'âme curieuse, l'âme hardie qui
viendra les éveiller un instant. Combien de fois,
ainsi, la civilisation spirituelle passe-t-elle
au-dessus de nos têtes, sans se poser sur
aucune d'elles ! Si l'on pouvait faire le compte
des pages de Chateaubriand, ou de Renan, ou
de Bossuet qui ont été « lues, » l'an dernier,
à Montpellier, ville intellectuelle, peut-être
serions-nous effrayés par la pauvreté de cette
statistique. Combien de gens, encore, savent
que notre ville a donné naissance à deux
des plus grands philosophes français de ce
siècle, A. Comte et M. Renouvier ? Toujours
est-il que, malgré de discrètes invitations,
le centenaire d'A. Comte passait presque ina-
perçu parmi nous, et qu'il y a deux ans, à
la Bibliothèque municipale, ses œuvres complètes n'étaient pas encore coupées. Est-ce
que ce ne sera pas une joie que de couper
tous ces feuillets trop respectés, et de les
jeter aux quatre vents de la ville ? Ces fleurs
de serre qui sont les plaisirs de l'esprit,
nous voulons les semer à pleines mains, en
pleine terre, pour que leur parfum pénétrant
aille réjouir, au moins un instant, l'âme de
tous ceux qui passent.

Si nous travaillons ainsi, avec joie, à
semer la bonne parole, je dis qu'avec joie elle
sera écoutée. Nous savons qu'il couve, dans
l'âme ouvrière, un feu qui ne demande que
des aliments. Dès la reprise de nos conférences,
l'autre jour, un ouvrier nous écrivait pour
nous encourager : « L'élan est donné, les
esprits studieux, réfléchis, avides de savoir,
si rares autrefois dans les classes ouvrières,
sont aujourd'hui le grand nombre. » Nous le
croyons, et la rareté même des jouissances
esthétiques qui jusqu'ici ont été données à la
classe ouvrière nous est un gage de son
ardeur. Nous dira-t-on que, pour goûter les
belles choses que nous lui apportons, l'esprit
de l'ouvrier n'a pas été suffisamment assoupli?
que la gymnastique de l'enseignement secondaire lui manquera toujours? — Messieurs,
ayons la franchise de l'avouer : pour quelques
esprits que notre enseignement secondaire
assouplit en effet, n'en est-il pas beaucoup
qu'il roidit et qu'il ankylose? à qui il ôte le
goût de revenir, en hommes, à ces textes qui
les ont rebutés enfants? Peut-être, donc, si
nous voulons que les beautés classiques elles-
mêmes produisent tout leur effet, vaut-il
mieux avoir affaire à des âmes toutes fraîches,
que le baccalauréat n'a pas fanées.

A cet égard, d'ailleurs, notre expérience —
vieille d'une année — nous donne confiance.

Je ne me rappelle pas sans émotion une de nos premières séances. C'était à la Bourse du Travail : sur les bancs d'une petite salle, une douzaine d'ouvriers, quelques étudiants, et un homme de la police ; — car, ignorant encore la pureté de nos intentions, on nous faisait surveiller. Le conférencier lut, puis commenta *la Tristesse d'Olympio*. Il fit appel aux souvlnirs personnels, disant comment chacun, en se penchant sur cette rêverie, comme sur un fleuve splendide, pouvait y retrouver l'image, agrandie et comme humanisée, de ses propres sentiments ; et, les esprits préparés, quand il relut ces strophes éternelles que vous connaissez tous, j'ose dire que, dans notre petite salle, les grands souffles de la poésie ont passé ; nous avons frissonné d'une émotion unanime. La police elle-même semblait attendrie... Messieurs, ce sont là de bons moments, de beaux moments, dont on aime à se souvenir ; si nous pouvons ainsi multiplier ces quarts d'heure où, comme disait Taine, « l'on n'est pas tout à fait une brute », notre œuvre sera bonne. Elle accroîtra cette provision de joies saines et pures, qui sont nécessaires à une vie vraiment humaine.

* *
*

Mais, dira-t-on, votre ambition est plus haute sans doute. Vous ne voulez pas seulement amuser, vous voulez aider le peuple à s'élever, l'habituer à l'air des hauteurs, transformer toutes ses habitudes d'esprit.

Pour de pareilles transformations, quels moyens nous proposez-vous? Pauvres professionnels de la parole, qui croyez encore que c'est avec des mots qu'on change les situations sociales! Si vous souhaitez sincèrement de réformer l'état mental de la classe ouvrière, réformez d'abord son état économique. Faites que ses salaires augmentent et que surtout ses journées diminuent : sans quoi les âmes que vous aurez un instant surélevées retomberont forcément dans les bas-fonds. Karl Marx l'a bien montré : vos civilisations spirituelles ne sont que les reflets ou les échos des civilisations matérielles. La façon dont les hommes pensent et rêvent est déterminée par la façon dont ils cultivent la terre, manufacturent les objets, gagnent leur pain quotidien. Les philosophies, les sciences, les arts, ne sont que les panneaux du décor dont les piliers sont les formes de la production. Si vous voulez vraiment que le décor change, et que ce ne soit pas toujours la même comédie, attaquez les piliers; socialisez les moyens de production : la verrerie aux verriers, la mine aux mineurs! voilà les révolutions économiques que nous vous demandons... — et vous nous apportez du vent, de bonnes paroles, avec un peu de musique autour.

Que répondrons-nous à cette apostrophe? — Nous répondrons tout simplement : On fait ce qu'on peut. Nous ne sommes pas des rois. Et quand nous serions des rois, pourrions-nous donc les opérer à coups de décrets, ces grandes transformations économiques? Le socialiste orthodoxe doit en douter. Karl Marx l'a dit : l'homme pourra bien adoucir l'enfantement de la société nouvelle; il ne saurait la faire jaillir, à l'appel de son désir, du sein des sociétés anciennes. Des transformations aussi profondes ne peuvent guère s'opérer que mécaniquement. Mécaniquement le nombre des prolétaires augmentera, pendant que diminuera le nombre des propriétaires; mécaniquement la concurrence tuera la concurrence et se suicidera dans le monopole; mécaniquement les capitaux se concentreront dans un petit nombre de mains jusqu'au jour où mécaniquement, presque sans secousses, ils pourront être transférés à l'ensemble et vraiment socialisés. Lorsque la croûte terrestre a été lentement soulevée pendant des siècles, un craquement se produit, qu'il n'appartenait à aucune volonté humaine de retarder ou d'avancer. Ainsi les grands craquements sociaux surviendront à leur heure, après ces lents soulèvements qui sont les progrès de la grande industrie. sans que cette heure puisse être retardée ou avancée par aucune volonté humaine. Laissez passer la force des choses : voilà le dernier mot de la philosophie de l'histoire matérialiste.

Qu'est-ce à dire ? Devrons-nous donc nous croiser les bras, impassibles et impuissants? Admettrons-nous que notre agitation superficielle ne change rien à l'évolution des sociétés, comme nos allées et venues sur la surface de la terre, ne changent rien au mouvement qui l'emporte à travers le ciel? Nous nous refusons à ce fatalisme. Si nous connaissons et respectons la force des choses, nous croyons aussi à l'effort des hommes ; nous croyons que l'idée peut, dans une certaine mesure, contrecarrer l'intérêt, que la civilisation spirituelle peut réagir sur la civilisation matérielle, pour discuter ses exigences et limiter sa pression. En acceptant le débat sur le terrain où l'on nous entraîne, en nous plaçant au point de vue des intérêts de la classe ouvrière et des réformes du droit qu'elle attend, nous prétendons que notre œuvre a un rôle utile à jouer.

Et, en effet — l'histoire des précédentes
réformes du droit est là pour nous l'apprendre
— dans le calcul des forces de conservation
et de transformation, ce ne sont nullement
des quantités négligeables que les quantités
morales; il n'est pas indifférent que les classes
réclamantes aient plus ou moins de prestige,
de valeur sociale, d'autorité. Voyez ce qui s'est
passé au xviii° siècle; la bourgeoisie avait
fait ses preuves. En richesses, en travail, en
talent, elle s'était montrée égale ou supérieure
à la noblesse. Le prestige dont elle s'était
entourée l'aidait à forcer les portes de la
législation, et à en briser les cadres trop
étroits. De même, s'il est vrai que les classes
ouvrières doivent quelque jour résister vic-
torieusement à cette espèce d'accaparement de
leur temps et de leurs forces auquel tendent
les progrès de la civilisation matérielle, qui
dira que la part qu'ils auront prise, d'ores
et déjà, à la civilisation spirituelle, n'augmentera pas leur force de résistance? Lorsqu'on parle de diminuer la longueur de la
journée de travail, combien de gens répondent: « De ces heures dérobées au travail,
que feront les ouvriers? Autant d'heures ren-
dues au cabaret, et perdues dans l'absinthe! »
N'est-il pas vrai que si, dès à présent, une
phalange croissante d'ouvriers fait mentir cette
opinion mauvaise, se dresse lentement, et, sur

les fronts encore trempés de sueur, fait rayonner les signes de la raison, l'autorité des revendications ouvrières en sera justement accrue? Ne se feront-ils pas mieux écouter de la société lorsqu'ils viendront lui dire : « J'ai goûté à la vie de l'esprit : j'en veux désormais ma part pleine. Arrange-toi, organise-toi pour me laisser plus d'air, plus de lumière, plus de liberté, car j'ai des yeux et je n'ai point vu, car je n'ai point entendu et j'ai des oreilles; je veux ma place au soleil de la pensée, car j'ai prouvé que j'étais un être pensant. »

Les réclamations ouvrières auront donc d'autant plus de poids, de gravité que l'ouvrier se sera élevé plus haut sur l'échelle des idées. Partout ainsi, où l'ouvrier montre plus de dignité et cherche plus de culture, en Angleterre, en Amérique, il sait faire reculer les puissances qui l'oppriment; là, au contraire, où le prolétariat n'est qu'une masse amorphe, sans levain, sans principe d'organisation, sans effort pour s'élever, c'est là qu'il n'est plus vraiment qu'une chair à machine, victime désignée des fatalités économiques. C'est pourquoi nous aurons le droit de dire à ceux qui, songeant avant tout à la nécessité de faire aboutir les revendications socialistes, hésiteraient au seuil de nos conférences: Entrez et soyez sûr que vous ne sortirez pas d'ici diminués. Ce ne sont pas seulement quelques quarts d'heure de hautes joies que nous vous offrons; vous préparez, en vous élevant, un meilleur avenir.

*
* *

Mais nous dira-t-on alors, s'il est vrai que votre œuvre n'est pas forcément inutile, si elle peut rendre de pareils services à la classe ouvrière, savez-vous bien que vous êtes dangereux? La police avait bien raison de surveiller vos débuts. Vous allez troubler l'eau qui dort, et y provoquer je ne sais quels bouillonnements suspects. Les édifices déjà séculaires, à l'ombre desquels nous coulons une vie tranquille n'en seront-ils pas ébranlés? Après cette éducation nouvelle, le peuple ne sera-t-il pas plus inquiet, plus impatient, plus exigeant, plus redoutable? C'est pour cette mobilisation des forces ouvrières que vous nous demandez, à nous, classe bourgeoise, des munitions? Métier de dupes! C'est nous inviter à aiguiser des esprits dont les facultés critiques se retourneront contre nous, — à jeter des épées en l'air pour qu'elles nous retombent sur la poitrine.

Telle est l'objection. Et ne me dites pas

que je l'exagère, que personne ne voudrait la formuler ainsi. Personne ne la formulerait, peut-être, mais beaucoup la penseraient par devers eux, ce qui est pire. Pendant ces vacances, en Bretagne, j'exposais à un industriel de mes amis ce que nos étudiants avaient fait l'an dernier, ce que nous comptions faire avec eux cette année; et pendant que je lui déroulais ces beaux projets, je lisais clairement dans ses yeux : « Quel bonheur que vous soyez à Montpellier! Le bon Dieu éloigne de nous tous ces faiseurs d'expériences sociales! » Plus d'une fois, sur notre route, nous rencontrerons des appréhensions pareilles ; nous avons donc le droit de tirer au clair leur grief.

La question qu'elles nous amènent à poser est des plus graves. — Un souci de classe doit-il primer un devoir envers l'humanité? Si nous avons une fois choisi d'aimer la civilisation, de collaborer à son progrès, de faire en sorte qu'elle devienne, comme c'est sa tendance, vraiment démocratique et la démocratie vraiment civilisée, ces craintes qu'on nous oppose doivent-elles enrayer le prosélytisme de la raison qui nous entraînait? Voilà ce qu'il faut nous demander en remontant aux principes qui dirigent notre conduite.

Vouloir que la civilisation soit démocratique, c'est vouloir en effet que l'éducation, l'instruction, la culture, tout ce qui fait l'homme « deux fois né » ne soit plus le privilège d'une caste, le monopole d'une minorité, mais le partage de tous. C'est ce que notre société a compris lorsqu'elle a décrété qu'à tous les citoyens, pour qu'ils fussent dignes de ce nom, devrait être donnée l'instruction primaire. Viendrez-vous dire « que du moins cette instruction reste primaire, élémentaire! Qu'elle ne s'élève pas trop haut! Prenez garde. Le nombre des crimes, des suicides, ne cesse de s'accroître; en forçant la dose de l'instruction, vous allez augmenter la gravité de la crise. »

A cela, Messieurs, nous devons répondre, si nous tenons à la cause de la civilisation démocratique : « Les documents invoqués ne prouvent pas qu'on a trop fait pour l'éducation du peuple; ils prouvent qu'on n'a pas fait assez. Si l'école primaire n'a pas encore donné tous les bons fruits qu'on en attendait, c'est que les œuvres post-scolaires n'étaient pas encore là pour entourer et sauvegarder les frêles arbustes qu'elle avait plantés. Si l'instruction élémentaire n'a pas élevé le peuple au niveau visé, c'est qu'il fallait y adjoindre une instruction supérieure. Sous peine de je ne sais quelle déchéance intime et profonde, nous ne saurions consentir à cette sorte de malthusianisme de la pensée,

qui serait une limitation volontaire de l'expansion intellectuelle. » Dans son effort vers
la lumière, la démocratie peut être comparée à
une immense vague, qui monte du fond des
siècles ; à chacun de ses bonds, des gens s'ef-
f aient, roulent des rochers, dressent une
digue ; et, pendant que leurs adversaires s'é-
crient: « En avant! toujours plus haut! » eux
disent : « Arrête, tu n'iras pas plus loin. »
Au moment de l'histoire où nous sommes, il
faut prendre parti : Etes-vous pour la digue ou
pour la vague? pour l'arrêt ou pour l'élan ?
Quant à nous, Messieurs, notre choix est fait,
nous sommes pour la vague.

Et si je tenais à le répéter, c'est qu'il faut
avant tout définir ses positions avec netteté,
avec franchise. Il est entendu que notre société ne fait pas de politique, au sens propre,
j'allais dire au sens malpropre du mot. Nous
entendons n'être les clients ou les patrons
d'aucune personnalité, les fidèles ou les prêtres
d'aucune chapelle, d'aucun dogme. Mais si
c'est faire de la politique que de choisir entre
les grandes tendances historiques qui se dis-
putent l'humanité, alors nous ne pouvons
renoncer à la politique sans abdiquer en même
temps tout espoir d'action sociale ; et nous
optons décidément pour cette politique qui
veut que la lumière soit, que son règne arrive,
et qu'elle luise enfin pour tout le monde.

Lorsqu'on a une fois fait ce choix, et qu'on a dominé l'histoire de ces hauteurs, n'ai-je pas le droit de dire que les calculs que je prêtais tout à l'heure à un adversaire imaginaire nous paraîtraient singulièrement mesquins? Enivrés de ces grands rêves, comment nous prêterions-nous à cette avarice intellectuelle? Ce serait, penserions-nous, le plus odieux des accaparements, que cet accaparement des richesses spirituelles dont nous avons la garde. Qu'importe qu'en les distribuant nous puissions nous trouver, quelque jour, gênés dans nos habitudes et troublés dans nos conventions? Ne serions-nous pas disposés à jeter plus d'une convention, plus d'une habitude au foyer de la machine, si c'était vraiment nécessaire pour que l'humanité continuât sa marche?

Mais, Messieurs, je plaide le pire. Je fais le jeu de nos adversaires. Je démontre qu'il faudrait encore aller de l'avant, notre œuvre dût-elle être dangereuse pour nous; mais qu'elle soit en réalité dangereuse, je n'en crois rien. J'estime, au contraire, qu'elle peut être une arme précieuse contre des dangers plus réels, ceux-là mêmes qui menacent ces unités nationales auxquelles nous tenons. Il n'y a pas, nous le savons, d'unité nationale sans communauté d'idées, de traditions, d'admirations. Prenons garde que les progrès de la civilisation matérielle, si on l'abandonne à elle-même, n'ébranlent sourdement cette communauté nécessaire.

En effet, par cela seul qu'elle accapare la vie de toute une catégorie de citoyens, elle tend à en faire dans la nation comme une classe exclue, qui n'a plus d'idée commune avec les autres classes. Un homme d'Etat anglais le remarquait dès 1815 : « Les progrès de l'industrie créeront de nouvelles races d'hommes. » Parole terrible, s'il était vrai que les nations, par le développement même de la civilisation matérielle, dussent être divisées en deux races, la race aux mains noires et la race aux mains blanches, bientôt ennemies par cela seul qu'elles seraient devenues étrangères l'une à l'autre. Michelet, en 1848, signalait ce danger lorsqu'il demandait à l'Etudiant d'être comme le ciment vivant de la nation, et de refaire à chaque instant l'accord organique de ses parties. C'est précisément le rôle que notre œuvre peut aspirer à jouer. Entre les deux armées qui se mesurent du regard, elle nous permet d'intervenir, levant le drapeau des idées et sonnant le ralliement autour des belles choses qu'on peut admirer ensemble. Ainsi, comme Siegfried, nous aurons à reforger les tronçons d'un glaive trop souvent brisé; et, comme Siegfried, nous les reforgerons en chantant, parce que nous aurons les idées pour marteaux, et le vrai et le beau pour enclume.

Et sans doute — car il ne faut pas se faire trop d'illusions tout de même — de pareils efforts ne sauraient suffire à dénouer les questions sociales. Les problèmes économiques, qui divisent les citoyens, attendent vraisemblablement d'autres solutions. Mais on peut espérer du moins que, grâce à nos œuvres unifiantes, ces solutions auront quelque chose de plus rationnel, de plus raisonnable, de plus humain. S'il est vrai que l'humanité doive voir encore quelque grand règlement de comptes, ne vaudrait-il pas mieux, en tout état de cause, régler ses comptes avec des esprits éclairés qu'avec ces hordes de barbares dont nous menaçait Macaulay? Ces grands débats ne seront-ils pas plus nobles si, de part et d'autre, dans les classes divisées par l'intérêt, il y a des hommes vraiment hommes, qui se reconnaissent comme des frères? Peut-être, ainsi, les futurs remaniements du droit s'opèreront-ils sans brutalité, sans\effusion de sang, par la seule puissance d'expansion des idées. Nul ne peut se vanter de clore l'ère des révolutions; mais on peut espérer de hâter l'heure des révolutions pacifiques. De

ce point de vue, encore, nous avons le droit
de dire que notre œuvre travaille pour la
paix, bien plutôt que pour la guerre sociale.

* *
*

Mais d'ailleurs, Messieurs, pour repousser
d'un coup toutes les objections qu'on pourrait
nous adresser, nous rappellerons qu'il y a
quelque chose de beaucoup plus dangereux
que tout ce que nous pouvons faire; et c'est
de ne rien faire du tout. Trop longtemps nous
avons pratiqué cette politique d'abstention.
Nous qui avions le dépôt de la civilisation
spirituelle, nous nous sommes contentés
de lui dresser des autels solitaires; nous
nous sommes retirés dans notre « librairie »,
in angello cum libello, persuadés qu'au
dehors le monde s'organiserait de lui-même.

Nous jouissions alors d'un optimisme dont
nous sommes revenus. Longtemps nous
avons pu croire, comme l'ont cru nos pères,
que le progrès de la civilisation matérielle
entraînerait fatalement celui de la civilisation spirituelle, que le perfectionnement des
hommes marcherait nécessairement de pair
avec le perfectionnement des choses. L'expé-

rience du siècle dément décidément cette illusion. Il n'est pas vrai que ces deux progrès marchent de front, comme deux chevaux dociles ; au contraire, pour qu'il y ait entre la civilisation spirituelle et la civilisation matérielle coïncidence et harmonie, il faut les efforts violents, ou plutôt les efforts patients des volontés associées. La civilisation digne de ce nom est un édifice qui ne s'élève et ne se maintient que par la conspiration de nos volontés individuelles ; à chaque fois qu'en chacun de nous il se produit une défaillance, un geste d'abandon, une pensée d'inertie et de lâcheté, à chaque fois, dans l'édifice social, c'est un ciment qui se désagrège, c'est une pierre qui tombe, et, de pierre en pierre, ce sont des pans qui s'écroulent. Voulons-nous ne pas assister passifs à cet écroulement, unissons-nous alors, pour faire pénétrer l'esprit dans la matière et la civilisation dans la démocratie.

Et si c'est là notre naïveté, de croire à l'influence rénovatrice de ces unions, nous acceptons alors, nous sommes heureux d'être naïfs. Car cette naïveté, en même temps qu'elle donne son élan à l'action, donne son prix à la vie. Bienheureux ces naïfs qui croient à l'efficacité de l'effort, car ils n'auront pas seulement mérité la lumière intérieure, mais le rayonnement social ! Heureux

ces simples d'esprit qui croient à la puissance de la raison humaine ; car, s'ils y
croient avec passion, ce n'est pas seulement
le royaume des cieux qui leur appartiendra,
c'est le royaume de la terre !

LA POÉSIE DES TEMPS MODERNES[1]

Mes chers Amis,

Il n'y a pas de grands mouvements sociaux sans chaleur intime, pas d'organisation durable sans enthousiasme. Si nous voulons « agir » sur notre temps, il faut d'abord que nous l'aimions ; il nous faut par suite comprendre ce qui fait sa grandeur, ressentir sa beauté propre, en un mot, dégager sa poésie.

Effort paradoxal, dira-t-on. Est-ce qu'on ne sait pas que, dans la civilisation moderne, la poésie a pour jamais replié ses ailes, ou du moins qu'elle ne peut s'envoler qu'en s'enfuyant dans le passé ? Le présent n'offre plus rien qui puisse l'attacher, rien qui fasse germer les images émouvantes, les imaginations capricieuses, les rêveries vagues dont elle aime à se nourrir. Regardez seulement

1. Conférence prononcée à Montpellier, à la salle de la *Société d'Enseignement Populaire*, le 30 octobre 1899.

les piliers sur lesquels la société nouvelle s'échafaude, et vous comprendrez qu'ils n'ont point d'ombre pour la poésie.

*
* *

Quels sont donc ces piliers?

La science d'abord. Allez visiter notre vieille Université, ou encore faites une promenade jusqu'au sommet de l'Aigual, jusqu'aux bords de l'étang de Thau, vous trouverez des établissements entretenus à grands frais, bibliothèques, observatoires, laboratoires, qui n'ont pas d'autre but que d'augmenter la somme des phénomènes décrits, classés et expliqués. C'est la preuve que notre temps tient en haute estime la science et qu'il prend le plus grand intérêt à son avancement. Il y a là un phénomène assez nouveau. Sans doute, depuis bien longtemps, dans l'antiquité, au moyen âge, on a vu des esprits hardis jeter la sonde dans la mer des faits naturels, et ramener à la lumière quelques « lois » chimiques, astronomiques, ou biologiques. Mais ces audaces étaient exceptionnelles et les réussites rares. La science n'apparaissait guère que domestiquée, sinon bridée et muselée, par la théologie, plus tard par la métaphysique. Libérée enfin, elle s'organise aujourd'hui méthodiquement; elle ne progresse plus seulement par quelques coups de génie de penseurs isolés, mais par la collaboration continue de chercheurs enrégimentés : dans notre civilisation moderne, la science est chez elle; elle y a ses coudées franches.

L'industrie, sa fille, y prend plus de place encore, et ses envahissements sont bien caractéristiques de notre époque. Sans doute, dès la préhistoire — les silex taillés de nos cavernes en font foi — l'homme a été « industrieux »; il a su prolonger, perfectionner, remplacer l'organe par l'instrument. Mais vous savez quelle distance sépare « l'instrument » antique de la « machine » moderne. Que chacun de nous réfléchisse sur l'industrie à laquelle il coopère; qu'il se représente toutes les forces naturelles, la vapeur, l'électricité, les affinités chimiques, dont il est le maître, qu'il gouverne et manie à volonté; cette puissance est chose toute récente. C'est d'hier, presque, que date l'asservissement des « esclaves de fer et d'acier ».

En même temps, c'est d'hier que date la libération des hommes. Comme la science, comme l'industrie, la démocratie est une nouveauté sous le soleil; elle appartient à notre temps. Certes la vague immense a mis

longtemps à se former, elle vient du fond des
siècles ; mais c'est seulement de nos jours
que la crête s'en est dressée et qu'elle a
couvert, en écumant, le monde occidental.
Ce n'est pas en un jour qu'elle a pu franchir
les obstacles que le moyen âge avait accumulés. Et sans doute, on vous a dit que
l'antiquité avait déjà ses démocraties. Mais
combien différentes des nôtres ! Car les démocraties antiques supposent, en principe,
l'inégalité des hommes ; elles n'élèvent leur
monde d'égaux que sur les épaules de l'esclave.
Au contraire, les démocraties modernes dé-
crètent en principe, l'égalité de tous les
hommes. Ç'a été l'honneur de notre pays,
nous le savons, que d'avoir le premier déclaré
les Droits de l'homme, et ce sera son honneur
encore, nous l'espérons bien, que de réaliser
le premier, ceux de ces droits qui ne sont
encore qu'en puissance, et de les faire passer,
de l'état fluide et inconsistant, à l'état solide.
Organiser une société dont tous les membres
seraient également libres, nous dirons légitimement que c'est là une idée bien moderne ;
car cette idée n'eût été sans doute, pour les
temps passés, qu'un paradoxe et comme un
scandale.

Nous avons donc le droit de conclure que
la démocratie, l'industrie, la science, sont
les phénomènes caractéristiques de notre

époque. Voilà le triple signe que porte au front l'homme moderne.

* * *

Et c'est pourquoi, s'écriera-t-on, il est triplement prosaïque !

Il semble bien, en effet, que, pour beaucoup de beaux-esprits, la démocratie ait fatalement quelque chose de brutal, de grossier, d'indélicat. Parlez-nous des temps heureux où une aristocratie, libérée de tous les bas soucis, avait le loisir de se cultiver, de ciseler, pour les sentiments les plus raffinés, les expressions les plus précieuses ! C'est alors qu'il faisait bon vivre, pour les âmes un peu « esthètes ». Mais aujourd'hui, un vent furieux abat les palais où s'élaborait la poésie, et court sur des étendues mornes, plates, odieusement nivelées. Plus de cours, plus de salons où l'on cause. Et l'on sait bien qu'il reste des cafés, qui sont, comme l'a dit Spuller, les salons de la démocratie. Allez donc y chercher, dans les nuages de fumée âcre qui planent sur les bouteilles d'absinthe, la poésie des temps modernes !

Ou bien parcourez les ateliers de votre grande industrie ! Admirez sa poitrine en sueur, ses paupières rougies par le feu des forges, ses mains noircies par le charbon ; est-ce qu'elle n'est pas faite pour salir tout ce qu'elle touche ! La source la plus pure et la plus féconde de toute poésie, c'est la nature, dans sa liberté gracieuse ou sauvage. Regardez ce qu'en fait l'industrie. Avec ses ponts, ses rails, ses cheminées, elle substitue aux douces harmonies des choses livrées à elles-mêmes, on ne sait quel réseau de lignes géométriques. Elle comble les vallées, débite les montagnes, détourne les fleuves. Où trouverez-vous, si ce « progrès » continue, un coin d'ombre pour y rêver en paix ?

Que dire alors de la science? Figure énigmatique, au front trop haut, aux lèvres froides et serrées, « aux mains tachées d'encre », c'est elle qui, du fond de ses laboratoires ou de ses bibliothèques, lance toutes ses forces disciplinées à l'assaut du monde ancien. Sous ses ordres, plus de fantaisie, plus de laisser-aller, plus de spontanéité. Elle analyse et dissout toutes les impressions, elle dénonce toutes les imaginations, elle nous apprend à vivre sur un perpétuel qui-vive, avec l'attitude raide et défiante de l'esprit critique. Comment un « peuple de dieux » pourrait-il vivre et respirer encore dans ce monde d'atomes décolorés ? Le pouvoir réfrigérant de la science tue toutes les rêveries dans l'œuf.

Par ses trois pointes, l'esprit moderne a définitivement frappé la poésie au cœur.

*
* *

Il y a du vrai dans ce réquisitoire. Il est vrai que, dans sa marche lourde et puissante, notre civilisation a écrasé bien des fleurs : combien semblent étouffées à jamais, sous les ruines fatales dont est jalonné son progrès ! Il est vrai que la science enraye souvent l'imagination, vrai que l'industrie abîme la nature, vrai que la démocratie disperse les cours. Et c'est pourquoi, lorsque nous voudrons nous rafraîchir l'âme d'un peu de poésie, c'est bien souvent aux lacs tranquilles et profonds du passé qu'il nous faudra remonter.

Nous le ferons avec joie. n'ayant pas la sotte prétention d'exiger, pour aimer une belle chose, qu'elle soit née sous le régime qui nous plaît. La plus absurde des intolérances est encore l'intolérance esthétique : elle ne blesse que celui qui la manie. Une âme vraiment assoiffée de beau prend son bien partout où elle le trouve. Nous reviendrons donc toujours, avec reconnaissance et piété, rêver sous les ombrages que la littérature classique, celle du moyen âge, celle de l'antiquité, ont plantés pour nous tous.

Mais est-ce à dire que, hors de ce passé admirable, il n'y a plus de salut pour la poésie? plus de champ pour l'imagination? Devons-nous donc renoncer à trouver autour de nous, dans le monde tel qu'il est aujourd'hui, tel qu'il se fait pour demain, de quoi susciter le rêve? Non, pour une forme poétique qui meurt, une autre forme renaît. A nous seulement de dilater notre sensibilité jusqu'à la rendre capable d'embrasser toutes ces formes ensemble. Pour qui a l'âme assez large, la poésie du passé n'exclut pas la poésie des temps modernes.

* *
*

Et d'abord les vérités que nous dévoile la science manquent-elles forcément de beauté? Sous les impressions diverses qui nous assiégent, nous vous montrerons comment elle sait constituer des systèmes d'idées intelligibles ; elle substitue ainsi l'unité au désordre, l'harmonie au chaos. Du même coup elle ouvre à la pensée des perspectives infinies. On l'a cent fois remarqué : le ciel, tel que nos astronomes nous ont appris à le voir,

n'est-il pas plus « poétique » que celui que se
représentaient les anciens ? Pour eux, les
astres étaient des clous d'or fixés au plafond
de la terre. Mais lorsque nous concevons ces
masses énormes, incandescentes, qui sil-
lonnent les espaces infinis avec une rapidité
vertigineuse, sans qu'aucune pourtant ne
s'écarte de l'orbe prescrit et trouble l'harmonie de l'ensemble, ne jouissons-nous pas
d'un spectacle plus grandiose ? De même, s'il
est vrai qu'à la doctrine d'une création
brusque nous devions être amenés à substituer la doctrine d'une évolution lente des
espèces animales, grâce à laquelle chacune
d'elles, luttant pour survivre, profitant des
accidents heureux, enregistrant des qualités
avantageuses, arrive peu à peu à se constituer et à « se poser » en face des autres, qui
dira qu'il manque de grandeur, le spectacle
de ces tâtonnements inconscients, de ces
transformations insensibles, de cette organisation progressive ?

Mais ce n'est pas seulement dans les résultats
de la science, c'est dans son esprit et jusque
dans ses méthodes qu'on peut trouver quelque
chose de poétique. Oui, l'histoire de ces assauts
donnés par l'homme aux phénomènes, de cette
« chasse de Pan », avec ses traverses et ses
succès, poursuivie par des générations de
chasseurs, a de quoi émouvoir. Il y a de la

beauté dans cette espèce de lutte intime que l'homme est obligé d'engager contre lui-même pour découvrir la réalité telle qu'elle est, dans la passion méthodique avec laquelle il déchire le voile que son imagination tramait entre les choses et lui, pour posséder à la fin la nature même dans son auguste nudité.

De ce même point de vue, est-ce que les grandes œuvres de l'industrie ne manifesteront pas leur beauté particulière? N'est-ce pas une chose étonnante que cette maîtrise sur l'univers, à laquelle un être minuscule s'est enfin haussé? Ne dépasse-t-elle pas celle des Prométhées de la légende, l'audace de l'homme moderne qui perce les monts, descend sous les mers, s'élève dans les airs? Et que cette audace, à force de méthode, recule chaque jour les bornes de ce qui semblait possible, n'y a-t-il pas là de quoi faire jaillir des rêveries larges et nouvelles? La nature transformée raconte la gloire de l'homme; et c'est pourquoi nous dirons qu'il y a de la poésie jusque dans les transformations qu'il lui impose.

Et comment n'y en aurait-il pas, dans des transformations que la démocratie impose à la société? Suivez les idées égalitaires à travers l'histoire; voyez-les, dès l'antiquité, descendre sur quelques têtes isolées, puis remonter en quelque sorte au ciel et s'y cacher pendant le moyen âge, redescendre enfin, au milieu des éclairs de la Révolution, pour embraser l'âme des masses modernes, et dites si cette révélation a manqué de grandeur. Essayons de ressentir, si nos âmes ne sont pas devenues trop petites, l'immense amour que ces idées ont éveillé au cœur des peuples, alors que nous portions leur drapeau aux quatre coins de l'Europe, et convenons que l'histoire de toutes ces Révolutions, qui s'engendraient l'une l'autre, et se répondaient en quelque sorte l'une à l'autre, emplit ce siècle, soi-disant « terre à terre », d'échos profondément tragiques.

Que si maintenant nous regardions le peuple, non plus dans ses jours de colère et de révolte furieuse, mais dans ses jours d'efforts tranquilles, persévérants et silencieux, nous saurions, je n'en doute pas, percevoir encore la poésie de sa lente ascension. Vous connaissez cette « Maison du Peuple » qu'on inaugurait naguère à Bruxelles ; vous savez par quels miracles journaliers d'initiative, de discipline, de sacrifice, elle s'est élevée pierre à pierre [1]. Elle symbolise aujourd'hui les efforts constants et conspirants de tout un peuple de coopérateurs. Qui de vous contemplerait ce

1. Voir l'article de D. Halévy, dans *la Revue de Paris* d'octobre 1899.

symbole sans émotion ? Si la nature est grande dans ces cataclysmes soudains qui font trembler la terre, elle ne l'est pas moins dans ces mouvements insensibles, qui peu à peu rongent un rivage, creusent une vallée, exhaussent une montagne. Ainsi, dans ses révolutions soudaines comme dans ses évolutions lentes, sachons découvrir la grandeur originale de la démocratie.

*
* *

Nous ne saurions en douter : dans deux ou trois cents ans, quand nos descendants feront l'histoire de notre époque, ils discerneront aisément les lignes et les mouvements qui faisaient sa beauté ; ils sauront parer notre siècle, et le couronner de fleurs, en vantant la puissance avec laquelle il entraîna en avant la science, l'industrie, la démocratie... Faisons donc un bond hardi dans l'avenir, pour bien comprendre le présent ; comme l'aigle domine les pics, élevons-nous au-dessus des siècles, et alors, — au rebours de ce qui se produit dans la nature — à mesure que nous monterons, ce qui nous semblait incolore montrera sa couleur, ce qui nous semblait plat prendra tout son relief.

TABLE

Pages.

Préface... i

La Tradition Nationale.......................... 1

La Philosophie de l'Antisémitisme 41

L'Armée et la Démocratie 73

Intellectuels et Manuels......................... 93

Civilisation et Démocratie....................... 119

La Poésie des Temps Modernes.................... 145

TOURS

IMPRIMERIE DESLIS FRÈRES

6, rue Gambetta, 6

www.ingramcontent.com/pod-product-compliance
Ingram Content Group UK Ltd.
Pitfield, Milton Keynes, MK11 3LW, UK
UKHW021049230726
13926UKWH00004B/1750